IMADRブックレット17

サプライチェーンにおける人権への挑戦

編集・発行　反差別国際運動（IMADR）

表表紙：1000 人以上が命を落としたバングラデシュ、ダッカのラナプラザ縫製工場ビルの
　　　　倒壊事故から 1 年を記念して、数千の衣服労働者とその組合が集まる様子。
　　　　　　　　　　　　　　　　　　　　　　© Solidarity Center/Sifat Sharmin Amita

裏表紙：本文の参考資料「奴隷の織布　南インドの紡績工場における大規模な（児童）強制
　　　　労働」の原文に掲載してある写真を、オランダ・インド委員会（ICN）の使用許可を
　　　　得て掲載。

表紙デザイン：金智子（反差別国際運動）

発刊にあたって

　反差別国際運動は長年、インドおよび南アジアにおけるカースト差別とダリット（〝壊されし者〟の意）の人権の問題に取り組んできました。インドでは、憲法や法律によりダリットに対する差別は禁止され、留保制度のもと、議会、公務部門、高等教育におけるダリットの受け入れ枠が確保されてきました。その結果、ダリットのコミュニティに一定の変化がもたらされてきましたが、構造的な差別による負の連鎖を断ち切るまでには至っていませんし、社会の慣行や人びとの意識に差別は根強くはびこっています。

　農村地域に集中するダリット人口の多くは、今も、貧困ライン以下の生活を強いられ、社会的排除と差別にさらされています。近年のインド経済の発展は一部の富裕層に恩恵をもたらしてきましたが、多くのダリット家庭は国の経済的繁栄とは遠く離れたところで、日々、生きるための闘いに追われています。

　グローバル化のなか、インドでも公営部門の民営化が進み、多くのダリットが留保制度のもと確保されてきた公務員の職を奪われました。多国籍企業を誘致する輸出加工区や大規模農園への土地の転換利用により、その土地で日雇いの農作業に従事してきたダリットは職を失いました。生活の逼迫は女性や子どもたちに大きな影響をもたらします。インドで児童労働につく子どもたちの多くは、こうした農村地域に暮らすダリット家庭の子どもたちであり、仕事を求めて農村から都市に流入したダリット家族の子どもたちです。

　一方、農村に突如立った大工場や大農場に周辺の女性や子どもが安価

で従順な労働力として吸収されています。その多くはダリットや先住民族であり、労働者の権利や労働安全基準の遵守がほぼ不在のなかで働いていると言われています。労働現場はどうなっているのか？　その実態は十分把握されていませんが、ILOなどによる国際的な基準作りや、世界のNGOなど（本書に執筆いただいた岩附由香さんの属するACE、和田征樹さんが主宰するエナジェティックグリーン、資料のレポートを作成したオランダ・インド委員会、他多数）による現地調査により、児童労働や強制労働の問題が明るみにされてきました。

　これらグローバルな問題の解決にビジネスセクターのコミットメントが不可欠なことは言うまでもありません。IMADRはこれまで差別問題への取り組みとして、国際人権基準の実施や国内政策の立案を求めて、国連あるいは政府に対する提言活動を行ってきました。今回、本書にて、ビジネスと人権の課題に最前線で取り組んでおられる方々に、その活動や研究に基づいた議論を展開していただくことができました。本書をきっかけとして、私たちの反差別の闘いに新しい視点とアプローチをとりいれる可能性を追求していけたらうれしいです。

　最後になりましたが、本書に寄稿をいただいた松岡秀紀さん（ヒューライツ大阪特任研究員）、岩附由香さん（NPO法人ACE代表）、和田征樹さん（㈱エナジェティックグリーン共同代表）そして菅原絵美さん（大阪経済法科大学国際学部准教授）に厚くお礼を申しあげます。

反差別国際運動（IMADR）

もくじ

●
●
●

発刊にあたって　*1*

「ビジネスと人権」と市民社会　*5*
松岡秀紀

サプライチェーンの児童労働問題　*13*
岩附由香

CSRは人権侵害を止められるか　*31*
和田征樹

バリューチェーンにおける人権侵害
「ビジネスと人権に関する指導原則」からみる企業の責任とは　*45*
菅原絵美

参考資料

奴隷の織布
南インドの紡績工場における大規模な（児童）強制労働　*59*
オランダ・インド委員会（ICN）

執筆者のプロフィール　*79*

「ビジネスと人権」と市民社会

松岡秀紀

● 「ビジネスと人権」の流れ

　企業が人権に関わる問題にどう向き合い、どう対処するか、という問題を「ビジネスと人権」という枠組みで捉える認識が広まったのは、それほど遠い過去のことではない。おそらく2010年あたりまで、「ビジネスと人権」という言葉は日本ではそれほど語られることはなかった。2003年のいわゆる「CSR元年」を少し過ぎたころまで、企業の中で「人権」といえば、多くの人は同和問題やセクハラ・パワハラ、あるいは女性や障がい者の雇用環境の問題などを思い起こしたかもしれない。もう少しさかのぼれば、1970年代に発覚した部落地名総鑑の問題に端を発する差別のない公正な採用をめぐる問題は大きな課題になっていたし、セクハラやパワハラの問題も、すでにさまざまに語られ、取り組まれていた。また2000年に始まるグローバル・コンパクトでは、すでに「人権」と「労働」が大きなテーマとなっていた。しかしこうしたさまざまな人権課題は、「ビジネスと人権」とは異なった文脈で捉えられ、対処されてきたと言ってよい。

　「ビジネスと人権」の枠組みで企業と人権の問題が認識され、語られ出したのは、2000年代後半以降、後に2010年に発行されたISO26000の策定過程が日本にも紹介され、その中で「中核主題」の一つに「人権」が取り上げられることが徐々に知られ、またISO26000の策定過程にも影響を与えたジョン・ラギーらの議論が紹介されてきたころからである（2008年の「保護、尊重、救済：『企業活動と人権』についての基本的考え方」

は2009年に日本語訳されている）。

　その後、2011年に国連人権理事会で「ビジネスと人権に関する指導原則」（以下「指導原則」）が全会一致で承認されて以降、こうした流れは加速し、CSRのさまざまな基準にも「ビジネスと人権」の考え方が取り入れられていく。企業にとっての「ビジネスと人権」の基本は、企業活動が人権へのマイナスの影響、つまり人権侵害を引き起こしていないか、あるいは引き起こす可能性はないかどうかを自社のバリューチェーンのあらゆる局面にわたって洗い出し、そうした可能性があれば対処（人権侵害を防止、軽減）する仕組みをつくり（人権デュー・ディリジェンス）、実際に人権侵害を引き起こしていれば救済措置などの是正を行うことであるとされる。

●「ビジネスと人権」と市民社会の役割

　企業によって生産される製品やサービスは、衣食住を基本とする私たち一人ひとりの日常生活とわかちがたく結びついている。私たちは日々、そうした製品やサービスを消費して生活している。その意味で企業による生産活動は、世の中に「役立つ」というプラスの影響を及ぼしている。しかし他方、その製品やサービスを生産するプロセスの中で、あるいは製品やサービスそのものが、社会や環境にマイナスの影響を及ぼしてしまう場合もある。今回具体的に論じられているサプライチェーン上の児童労働や劣悪な労働環境の問題もそうしたマイナスの影響の一つであるし、過労死に至るまでの過酷労働や女性、性的マイノリティ、障がい者、技能実習生などの外国人労働者等の労働環境、職場におけるハラスメントの問題や採用における差別の問題、消費者の権利侵害に関わる問題や市民のプライバシー侵害の問題、さらには環境破壊による地域住民への悪影響に至るまで、国外と国内を問わず、その範囲は極めて広い。加えて言えば、政府が直接・間接に関与するケース、例えば途上国での開発プロジェクトにおける問題なども含まれる。

　実際にマイナスの影響（人権侵害）を受けた当事者、あるいはその

人々の側に立つNGOなどの市民社会組織は、すでに前世紀から、そうした人権侵害に対してさまざまに批判や告発を繰り返してきた。その背景には、経済社会における企業の存在と役割が大きくなり、その及ぼすマイナスの影響も極めて大きくなってきたという事情がある。

　「指導原則」が出された後の現在でも、この事情が変わることはない。「指導原則」は、企業による人権侵害から個人を「保護」する義務を国家に求め、事業活動において人権を「尊重」する責任を企業に求めている。そして実際の人権侵害に対しては、そこからの「救済」を国家と企業に求めている。この「保護・尊重・救済」はよく知られた「指導原則」の基本的なフレームワークだが、しかし、それは問題の解決に向けた普遍的な共通認識と、解決のための「仕組み」の構築を求めるものであるため、個々の具体的な人権課題が「指導原則」で言及されているわけではない。

　一方で企業は、自社の事業活動が及ぼす人権への影響をアセスメントすることから出発するため、個々の人権課題をトータルに捉える位置にあるわけではない。こうした中で市民社会に役割があるとすれば、個々の人権課題、つまり人権侵害の現実を明らかにし、具体的に示すことだろう。それは「指導原則」後の現在も、批判や告発というかたちをとりながら、あるいは企業との連携・協働の中で、またマルチセクター的な政策形成の場の中でも、市民社会に求められる役割である。

　いま日本では、「ビジネスと人権に関する国別行動計画（NAP）」が策定プロセスに入っている。「指導原則」が出された翌年に策定が要請され、2017年6月時点で14の国が策定しているこのNAPは、企業活動による人権へのマイナスの影響を明らかにして人権を保護するための、「指導原則」に基づいた政策戦略を各国レベルで定める重要な行動計画である。ここでも、人権侵害の現実を明らかにする市民社会の役割は大きい。国連のワーキンググループはNAPに関するガイダンス文書を出しているが、その中でも、他のステークホルダーとともに、企業活動による人権侵害の被害の当事者を含めた市民社会が、NAPの策定プロセ

スに参画すること強く求めている。

●人権リスクと経営リスク

市民社会の役割において重要となるリスク認識の問題にも触れておきたい。企業が人権侵害を引き起こした場合、さまざまな経営上のリスクが発生するだろう。NGOなどから批判されれば、その対応には大きな労力が伴うかもしれない。マイナスのレピュテーション（評判）が大きくなり、消費者にまで情報が広がれば、製品やサービスの売上にも悪影響を及ぼすかもしれない。場合によっては株価にも影響するかもしれない。訴訟に発展すれば裁判にも対応しなければならない。中長期的には企業ブランドが毀損し、その回復には長い時間がかかるかもしれない。……別稿で触れられているNIKEの問題は典型的な例だが、身近な職場の問題、例えばハラスメントの問題が発生した場合や、食品会社が人の命に関わるような問題を隠蔽してしまった場合のことを想起すれば、こうした事情は容易に理解できるだろう。

一方、2016年11月に行われた第5回「ビジネスと人権フォーラム」の基調講演の中で、ジョン・ラギーは次のように述べている。——「『ビジネスと人権』とはまず第一に、その企業にとって何が重要（マテリアル）であるかということではありません。ビジネスの活動や関係が人びとに及ぼす著しいリスク、または最も重大な害の可能性に関するものです」。

上記のようなさまざまな経営上のリスクも、企業にとって「重要」なものであるだろう。しかし、「指導原則」をはじめとする「ビジネスと人権」の考え方において「まず第一に」重要なのは、人権を侵害してしまうということ自体のリスク（人権侵害リスク）のほうである、とラギーは言っている。

ちなみに、「指導原則」でも同様のことが次のように述べられている。——「人権デュー・ディリジェンスが、単に企業自らに対する重大なリスクを特定し、対処するばかりではなく、権利保持者側に対するリスクをも含むのであれば、これをより幅広い企業のリスクマネジメント・シス

テムのなかに入れることができる」。少しわかりくい表現だが、換言すれば、経営リスク（企業自らに対する重大なリスク）と人権リスク（権利保持者側に対するリスク）の双方の存在を前提に、これらを峻別した上で、後者をも含んだ上でなら、企業の全体的な「リスクマネジメント・システムのなかに（人権リスクへの対処の課題を）入れることができる」ということだ。

「人権リスク」と一言で言ってしまうと、本来の「人権侵害リスク」と「経営リスク」の双方のリスクが混在したまま理解されてしまいがちである。加えて、経営リスクへの感度が相対的に高い現実の企業の中では、この2つのリスクの峻別はなかなか難しいという事情もある。市民社会はここでも、この峻別を明確にしながら、現実の人権課題を明らかにしていく役割を担っているといえるだろう。

● 「網の目」を解きほぐす力

「ビジネスと人権」の問題を考えるとき、吉野源三郎『君たちはどう生きるか』の、「網目の法則」として有名な次の一文がいつも思い浮かぶ。──「生活に必要なものを得てゆくために、人間は絶えず働いて来て、その長い間に、びっしりと網の目のようにつながってしまったのだ。そして、君が気づいたとおり、見ず知らずの他人同志の間に、考えてみると切っても切れないような関係が出来てしまっている。誰一人、この関係から抜け出られる者もない」（岩波文庫版92ページ）。著者が「君」に語りかけるかたちで読者に伝えようとしたその「君」とは、中学2年の「コペル君」である。今も読み継がれているこの名著が出されたのは1930年代半ば、今から約80年前のことである。

この一文は、コペル君の次のような「粉ミルクの発見」に対して語りかけられている。──「僕は、寝床の中で、オーストラリアの牛から、僕の口に粉ミルクがはいるまでのことを、順々に思ってみました。そうしたら、……とてもたくさんの人間が出て来るんです。（1）粉ミルクが日本に来るまで。牛、牛の世話をする人、乳をしぼる人、それを工場に

「ビジネスと人権」と市民社会　9

運ぶ人、工場で粉ミルクにする人、かんにつめる人、かんを荷造りする人、それをトラックかなんかで鉄道にはこぶ人、汽車に積みこむ人、汽車を動かす人、汽車から港へ運ぶ人、汽船に積みこむ人、汽船を動かす人。（2）粉ミルクが日本に来てから。汽船から荷をおろす人、それを倉庫にはこぶ人、倉庫の番人、売りさばきの商人、広告をする人、小売りの薬屋、薬屋までかんをはこぶ人、薬屋の主人、小僧、この小僧がうちの台所までもって来ます」（同85〜86ページ）。

　ジョン・ラギーは先に引用した基調講演の中で、「指導原則の最も変革をもたらす貢献の一つは、企業の人権尊重の責任が自社の事業だけに限定されるのではなく、サプライヤーや他のビジネス関係のネットワーク全体にわたって自社の製品やサービスに結びついた人権に対する影響にまで及ぶということを求めたことです」と述べている。「粉ミルクの発見」に出てくる多くの「人」への「想像力」は、時代背景の違いはあるにせよ、まさにこうした「ビジネス関係のネットワーク」の認識のベースにあるべきものである。そのことが、先に述べたような極めて広範囲にわたるさまざまな人権課題が、実は製品とサービスの生産という企業の事業活動と関連している、ということを捉える力になるだろう。

　吉野源三郎は、続けて次のようにも書いている。――「人間は、人間同志、地球を包んでしまうような網目をつくりあげたとはいえ、そのつながりは、まだまだ人間らしい関係になっているとはいえない」。80年の時を超えて、この一文はなお私たちに問いかけ続けている。すでに当時から「網の目」であった経済社会は、グローバル化がとめどなく進み、行き詰まりさえ見せている現在、生産活動を行う企業も、そして消費者も市民も、「誰一人、この関係から抜け出られる者もない網の目」が当時とは比べようもないくらい巨大化した現実の中にいる。そして、「網の目」はより複雑化し、全体像が見えにくくなっている。そうした中で、「つながり」ははたして「人間らしい関係」になっているだろうか。

　2015年に公開された、アパレル産業のサプライチェーン上の問題を描いた映画「THE TRUE COST」の中で、ある女性が涙を流しながら

語っている次の言葉が重なって思い起こされる。——「服を作るのがどれだけ大変か、人は知りません。ただ買って着るだけ。でもその服は、私たちの血でできています。私たちの血で作ったものを、誰にも着て欲しくありません」。

　巨大で複雑な「網の目」の中で、市民社会に求められるのは、それを市民の生活の現場からの視点で解きほぐし、かたちにして示していくことにちがいない。「ビジネスと人権」の中で市民社会に求められる役割を果たすため、複雑化してわかりにくくなっている「網の目」を解きほぐす力が、企業や政府以上に必要とされているように思われる。　●

国連「ビジネスと人権に関する指導原則」とは

　2011年6月に国連人権理事会で全会一致で承認された「ビジネスと人権に関する指導原則：国際連合「保護、尊重及び救済」枠組実施のために」は、「保護、尊重、救済：『企業活動と人権』についての基本的考え方（Framework for Business and Human Rights）」（2008年）に続いてまとめられたもので、「保護・尊重・救済」の枠組みが、31の「原則（Principles）」に整理されて提示されています。企業が人権尊重の責任を果たすために不可欠のプロセスである人権デュー・ディリジェンスについても、詳細な具体的手順が示されています。

（ヒューライツ大阪ウェブサイトより一部修正）

「指導原則」の日本語訳はヒューライツ大阪のウェブサイトからダウンロードできます。➡https://www.hurights.or.jp/japan/aside/ruggie-framework/

サプライチェーンの児童労働問題

岩附由香

●はじめに

　1997年、大学院在籍中に私が立ちあげたNPO法人ACE（詳細は79ページを参照）は今年で20年目を迎える。この20年で、児童労働への関心は当時と比較し高まっている。特に、企業と児童労働に関する関係は大きく変わった。ISO26000、国連「ビジネスと人権に関する指導原則」などにより、これまであいまいだったサプライチェーンやバリューチェーンに対する責任が、より明確になっただけではなく、企業の具体的な行動を法律で義務化する動きも進んでいる。児童労働問題が、サプライチェーンの管理と重なり合い、企業が取り組むイシューのひとつへと変化を遂げつつある。

　本稿では、児童労働の概要、グローバルイシューとして児童労働がどのように扱われてきたのかを概観した上で、児童労働撤廃のこれまでの取り組みを、ACEのコットン産業の児童労働に対する取り組み事例紹介も含め紹介する。さらに、児童労働を企業の視点でどう捉えるべきかを３つの視点から考察し、具体的事例を紹介しつつ、最後にサプライチェーンの人権問題への対応のルール形成の昨今の流れについて触れる。

1．児童労働とは

(1) 児童労働の人数、地域、産業分布

　2013年9月、国際労働機関（ILO）が世界の児童労働者数の推計を1億6800万人と発表した。これは世界の5歳から17歳の子どもの9人に1人にあたる。2000年に比べて児童労働者数は3分の2まで減少し、2010年に発表のあった2億1500万人からも4600万人の減少となった。世界推計は4年ごとに発表されており、2017年9月に新推計が発表の予定である。地域分布はアジア・太平洋が46％（人口も最も多い）を占めるが、サハラ以南アフリカはその地域に住む子どもの5人に1人が児童労働をしており比率が高い。また産業別にみると農業が最も多い[1]。

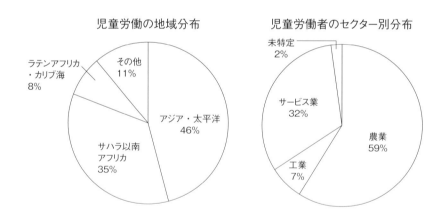

　児童労働が子どもに与える影響は次頁の表にまとめた通りだが、識字、計算を含む学業の修了率が低いことは経済発展など国の成長にも影響を及ぼす。児童労働は教育政策、社会保障政策、貧困対策などの社会政策とも密接に結びつく問題である。

子どもたちに与える影響

教育的側面	生きていくために必要な基礎的知識、スキルが身につかない
身体的側面	命の危険、病気、障害など健康、成長への影響
精神的側面	暴力、虐待による精神的なトラウマ、人間への不信感
社会的側面	犯罪や反社会的行為に利用されるなど、善悪の判断がつかない

児童労働→読み書きできない→仕事に就けない→貧困

（2）児童労働の定義

　児童労働はすべての働く子どもを指すのではない。「子ども」は「国連子どもの権利条約」では18歳未満を指し、国際労働機関（ILO）の「就業が認められるための最低年齢条約」（ILO第138号条約。以下、「最低年齢条約」）、「最悪の形態の児童労働の禁止及び撤廃のための即時の行動に関する条約」（ILO第182号条約。以下、「最悪の形態の児童労働条約」）の2つの条約が児童労働の定義と考え方の基準となっている。基本的には15歳未満の違法労働と、15歳以上18歳未満の危険有害労働を指す。学業と両立した実家の手伝い、新聞配達などの軽い労働はこれには含まれないが、もし労働環境・質が危険有害である場合（例：農場で有害物質を扱う、長時間労働をしている、違法活動に従事）は、児童労働になりうる。最悪の形態の児童労働とは、奴隷的慣行、債務労働、人身取引、子どもポルノや売春、違法な活動への従事、危険有害労働などを指す。

2．グローバルイシューとしての児童労働

（1）グローバル経済と児童労働への注目

　児童労働は古くは1900年代初頭から国際的な問題になっている古くて長い問題である。子どもの鉱山や工場での労働が問題視されるようにな

り、設立されたばかりのILOで工場での児童労働を禁止する条約が定められる。1973年には、働きはじめてもよい年齢を定めた「最低年齢条約」が発効したが、1997年、私が活動を始めた当時はまだこの条約批准国が2桁でかなり少なかった。

　グローバル経済、多国籍企業の台頭により、ブランドと被雇用者とのあいだに直接雇用関係がなくても、そのサプライチェーンの委託先に児童労働があった場合、消費者がブランドを持つ企業に対し責任を求める流れは1990年代のころから顕著になった。たとえばNIKEの東南アジアの委託工場での児童労働・長時間労働などに国際的非難が集まり、ボイコット運動が米国を中心に展開され、NIKEはレピュテーションも売り上げもこの影響を受けた。こうして1990年代に大きな注目が集まったが、転機となったのは1999年に成立したILO「最悪の形態の児童労働条約」である。これにより、最悪の形態の児童労働とは何か、その定義の世界的合意と、そこからすぐに無くしていこうという世界共通認識が芽生えた。この条約の批准と、ILOのIPEC（児童労働撤廃国際計画）の技術協力の展開が、途上国政府を「隠すより、認めて正す」という方向へシフトさせた。2000年から世界の児童労働の推計値もILOが発表するようになり、2017年9月に4年に一度の最新推計が発表される予定である。

（2）最大の支援国、米国の取り組み

　世界の児童労働問題解決に最も積極的な政府機関は米国労働省である。1995年から技術協力も行い、これまで93カ国の301のプロジェクトを支援している。ILO/IPEC（国際労働機関の児童労働撤廃国際計画）へこれまで2億ドル以上を拠出、NGO等へも数億ドル単位の資金供与を行い、世界最大のドナーとして170万人の児童労働者を救済してきた。現在も金額にして約280億円に相当する46の技術協力プロジェクトを61カ国で実施している。米国労働省内の児童労働、強制労働、人身取引対策室（Office of Child Labor, Forced Labor and Trafficking, OCFT）はこの

ほかにも研究と意識啓発を行っている。研究活動の成果物として議会に報告されるレポートが、児童労働または強制労働によって作られている品目リストだ[2]。この情報はすべてウェブサイトで公表されており、企業人としても自社のサプライチェーンにどれぐらいの児童労働リスクがあるかをまず知る上で、この情報は有用である。また、「最悪の形態の児童労働報告書[3]」も毎年作成しており、こちらも各国の中での児童労働の現状、法律の有無などが一覧して見ることができる。これら2つのレポートの情報をまとめて簡易的に見られるアプリ、Sweat & Toil も開発されている。国、商品を入れてサプライチェーンに児童労働・強制労働の有無を確認できる。この背景には米国にある貿易開発法（貿易相手国に最恵国待遇を与える条件にILO182号条約の批准と実施を求める）、人身取引被害者保護法（世界の児童労働、強制労働をモニターする機能）、大統領令の法令13126号（児童労働によるものを政府が調達しない方針で、リストが作成されている）があり、議会への報告義務をこの対策室が担っていることから、これらレポートやリストが毎年更新されている。

3. 児童労働の撤廃は可能なのか？

　児童労働は減少傾向にある。2013年には2000年当時と比べ3分の2まで減少した（対象となる年齢層の子どもの人口は増えている）とILOは発表している。

（1）政府の対応

　「最悪の形態の児童労働条約」はILO史上最も早いスピードで批准国数が増え、2017年6月にインドも批准、これでILO加盟国中181カ国が批准、残すは6カ国となる。条約批准は国内の法改正、法整備を意味するため、各国の児童労働の使用を禁ずる法律の施行やそれに基づく施策が減少をもたらす要因となっていると考えられる。また貧困対策や義務教育の就学率の向上など、国の社会政策による影響も大きい。ブラジル

では貧困家庭に子どもを学校に行かせることなどを条件に現金を支給するキャッシュトランスファープログラムで児童労働削減に成功した。

（2）産業別アプローチ

　産業別のアプローチも増えている。エルサルバドルの砂糖産業では90％の児童労働撤廃を実現させたが、その背景には欧州や米国など砂糖の貿易相手国の人権・労働権の関心の高まりがある。カカオ産業の児童労働も2000年頃から報道に注目が集まり、企業に非難が集中、業界として解決に乗り出した。2000年に関係者が署名したハーキン・エンゲル議定書発足後、カカオの2大生産国であるコートジボワールとガーナで児童労働の撤廃を米国政府もモニタリングしており、各社個別、また協働でプロジェクトが展開されている。

　また、サプライチェーンの人権リスクに対し、原料生産現場での児童労働の禁止などの原則が適用されるフェアトレード認証、生産者支援を強化しているUTZ認証などの認証つきカカオを積極的に調達する方針を掲げる企業が増加。この背景には増加していく需要に対して予想されているカカオ生産量のひっ迫に対する危機意識から一定量を確保しておきたいという企業の思惑もあるが、「持続可能な調達」方針を掲げカカオの調達におけるリスク回避がすでに行われている。

（3）NGOのアプローチ

　これまで、ILOのプログラムや、米国労働省の技術協力プログラムなどを実際に現場で直接支援の形で担っているのはNGOである場合も多い。また自己資金で活動を展開しているNGOも多くある。ACEもその一つだ。ここでACEのコットンの児童労働撤廃を目指すプロジェクトの概要を紹介し、児童労働を取り巻くビジネスの課題も含め、どのようにNGOは児童労働撤廃を現場で促そうとしているのか、その一例を紹介したい。

　① インドのコットン種子生産の児童労働の現状

インドのコットン産業は米国労働省のレポートでも児童労働があることが指摘されている。コットンの栽培面積は世界最大、生産量も世界1位であり、政府も力を入れて生産性向上に努めている。ハイブリッド種（雑種交配種、一代交配種ともいう）の利用や、2002年にモンサント社によって導入された遺伝子組み換え種の導入により、収量が高く害虫に強い特性を持った生産性の高い品種が開発され、急速に普及。市場で販売される種の9割以上がこういったハイブリッド・遺伝子組み換え種で、栽培面積は2013年には1100万ヘクタールとなり導入時から110倍にも増加している[4]。

　このハイブリッド種の種の生産を目的とした綿花栽培に従事する農家が増加、その種子生産に必要な人工交配の受粉作業（手作業でめしべとおしべをすりつける）の作業に、多くの児童労働者が駆り出されている。2014〜15年、インドのコットン種子栽培での児童労働者数は48万人とされ、前回調査の38万人から増加している。インドの女子差別、児童婚の問題などとも相まって、14歳以下の児童労働者の65%が女児である[5]。

② 児童労働の実態と農薬の影響

　ACEは現在インド南部のテランガナ州ガドワル県においてコットン産業の児童労働撤廃プロジェクトを行っている。これまで支援対象となったコミュニティで働いていた子どもたちの状況は厳しいものである。2009年に行った調査では、13歳の女の子が一つ下の妹と共にコットン畑で働いていた。親がコットン農家かから3000ルピー（約6000円）の前金（借金）を受け取り、日給70ルピー（約140円）で、朝9時から夕方6時まで受粉作業を毎日行い、休みは昼食30分程度。父はアルコール依存症中毒、母は日雇い労働者で、両親とも非識字者。親戚の家を間借りし暮らしているが、2人の姉妹が働いている一方で、2人の弟は、小学3年生で通学していた。「学校へ行って勉強したい」と言っていたが、14歳で親の決めた結婚をすることになり、他の村へ引っ越した。

　コットン畑の児童労働で深刻なのが農薬の被害である。コットンの栽培面積はインド国内の5%と言われているが、全農薬使用量の54%を占

めているともいわれている[6]。それだけ、多くの農薬が集中的にコット
ン畑に投入されているのだ。これは土壌の汚染、生産者の農薬依存と貧
困化を招くだけではなく、健康被害も多い。インドに限らず、毎年世界
のコットン生産者の約7700万人が農薬中毒にかかっていると報告されて
いる[7]が、生産者が農薬の正しい取り扱いや防具の着用をせず散布して
いる。吐き気、皮膚炎、頭痛、腰痛、震えなど多くの症状があり、最悪
の場合、死に至ることもある。実際に、ACEのプロジェクト地で児童
労働をしていた女の子で、亡くなった子もいる。

③ コットン産業の児童労働撤廃を目指すACEのピース・インドプロ
ジェクト

このような地域でACEが行っているのがピース・インド プロジェク
トである。危険有害労働から子どもを守り、義務教育年齢の子どもは就
学の徹底を、義務教育年を過ぎた女子には職業訓練を行い、ひとつの村
全体で約4年かけて児童労働がゼロになることを目指している。具体的
な活動としては、①通学したことがない子どもが公立学校への編入を前
提に通うブリッジスクールの運営、②義務教育年を過ぎた女児への職業
訓練、③貧困家庭への少額融資と収入向上支援、④公教育の環境改善、
⑤意識啓発、⑥住民の組織化などを通じ、コミュニティの方々の参加を
得て主体的に児童労働撤廃へ動くような仕組みづくりを行っている。プ
ロジェクトは運営パートナーのローカルNGO、SPEEDが運営し、ACE
がプロジェクトオーナーとしてプロジェクトのデザインをSPEEDと
行った上で、資金調達とモニタリングを行っている。これまで3つの村
を中心に支援を行い、2010年のプロジェクト開始から551人が児童労働
をやめ就学、あるいは職業訓練を受けて自立した。

本プロジェクトは、行政との連携、企業との連携も行っている。女児
の就学支援は政府も力を入れている。子どもが結婚させられそうにな
り、本人はその意思がないことを確認したうえで親を説得、宿舎つきの
女児のための学校に編入をさせ、児童婚を避けることができたケースも
ある。また、プロジェクトが終了したコミュニティには、現在日本企業

がオーガニックコットンの栽培の訓練、機会提供を行い、住民から綿を買い上げる仕組みが立ち上がっている。オーガニックコットンを導入した農家からのフィードバックとして一番多いのは、健康になった、という実感である。

4. 児童労働をとらえる3つの視点
企業の社会的責任、サステナビリティ、リスクと企業価値

2011年、「ビジネスと人権に関する指導原則」が発足してから、世界のサプライチェーンの人権課題への動きが活発になってきた。企業は児童労働を3つの視点から見て、統合的アプローチをとるべきだとACEは考える。

(1) 企業の社会的責任

グローバル経済の台頭の中で企業の自律的な責任履行を促す「国連グローバル・コンパクト」にも、児童労働の実効的な廃止が明記されている。組織の社会的責任を定義したISO26000にはバリューチェーンという言葉でサプライチェーンに限らず商品が使用、破棄されるまでのすべてのバリューチェーンを対象としており、例えば電子部品や建設現場の解体などにおける児童労働も含め、企業の責任と位置付けている。近年最も影響力が大きいのは、国連「ビジネスと人権に関する指導原則」である。人権を企業が尊重する責任範囲を「企業活動により影響を及ぼす範囲」とし、あらかじめ事業にどのような人権リスクがあるか、人権デューディリジェンスを行うべきであるとしている。

(2) サステナビリティ

世界と自社事業のサステナビリティの両方からサプライチェーンの児童労働を見ることができる。
2015年に国連で採択された「持続可能な開発目標」（Sustainable

サプライチェーンの児童労働問題　*21*

Development Goals, 以下SDGs）は、2030年に向けてサステナブルな世界を実現するための具体的なゴールとして、17のゴールと169のターゲットを掲げている、そのターゲットの一つに児童労働が以下のように明記された。

　8.7 強制労働の廃絶、現代の奴隷制および人身取引の廃止、子ども兵士の募集と使用を含む最悪な形態の児童労働を禁止及び撤廃するために、緊急かつ効果的な措置を実施する。そして、2025年までにあらゆる形態の児童労働を無くす。（ACE訳）

　児童労働の撤廃がグローバルゴールとして初めてこのレベルの国連文書で明記された。
　これを受け、ILOが中心となってAlliance 8.7というグローバル枠組みが立ち上がり、このゴールに現実を近づけていくためのマルチセクターでの取り組みが始まりつつある。
　事業のサステナビリティにとっても児童労働問題は重要だ。VUCA（変動性、不確実性、複雑性、曖昧性）の高い、先を見通しにくい時代において、事業を継続的に発展させていくためには前提として健全な事業運営が求められてくる。近年のESG投資の高まりからも、事業に大きな人権問題を抱えていることを株主が知った場合、株を保持しないという選択肢が出てくる。実際に環境面においてはそのような動きがノルウェーの年金基金などが始めており、サステナビリティの問題から日本の電力会社の株を投資対象から外すという行動を起こしている。企業の成長は利益だけ見るのではなく、環境（Environmental）、社会（Social）、ガバナンス（Governance）の側面から判断する必要があるというのがESGの流れであり、日本版スチュワードシップコードが制定されたことからも、世界最大の年金基金であるGPIF（年金積立金管理運用独立行政法人）の動向にも注目が集まっている。

（3）リスクと企業価値

　サプライチェーンの隅々まで人権状況を把握することは容易ではない。しかし、ひとたび商品の生産過程に人権侵害の事実が発覚し広く知られることになれば、このSNS普及の時代には一気に世に知られることになる。ブランド価値の毀損につながるだけでなく、売り上げの減少やコストの増加といったマイナスのビジネスインパクトが発生する。

　実際にNIKEの例を見てみよう。1996年のCBSの報道をきっかけにNIKEの靴を製造するベトナムやインドネシアの下請け会社の労働問題が明るみになった。ベトナムの会社は労働者の9割が女性、15歳から28歳の若い女性が中心で、強制的な長時間労働、最低賃金を下回る賃金だけでなく、体罰、暴力、セクシュアルハラスメントが発覚[8]。サプライヤーでの児童労働[9]、深刻な人権侵害が靴の製造を委託しているNIKEの問題として世間から追及を受けたのである。学生・NGOを中心に展開された反対運動やボイコットは世界規模となり、その事業へのインパクトは大きかった。

　1994年37億9000万ドル、1995年47億5000万ドル、1996年64億7000万ドル、1997年91億9000万ドル、と売り上げを順調に伸ばしていたNIKEだったが、人権問題が知れ渡った1997年以降は、1998年95億5000万ドル、1999年87億8000万ドル、2000年90億ドルと成長が鈍化した。業界平均成長率等から試算すると、98年から2002年までの人権リスクのインパクト（1998〜2002年）は、約1兆3764億円（約121億8000万米ドル）であり、連結売上高の約26.1％に相当する[10]。児童労働や強制労働の問題はこれぐらいのリスクを孕む問題である。それゆえに、投資家はESG投資を行い始めているのであり、企業価値が人権問題によって大幅に低下することのリスクは直視すべきと考える。その後NIKEは最低年齢の設定、下請工場の管理基準強化、モニタリング体制の構築、情報公開などに努め、また9億ドルを投じて途上国で労働問題に取り組むNGOを創設、労働者の支援にあたった。それらの取り組みが評価され、米ビジネスエシックスマガジン誌が発表する企業市民ランキングで2004年までNIKE

は100位圏外であったが、2005年31位、2006年13位と急上昇した。

（4）持続可能な開発目標と企業

　2015年、SDGs国連総会にあわせてニューヨークに渡り、国連総会でスピーチをするために来ていたローマ法王の来訪で沸く市内の熱気とあわせ感じたのが、ビジネスセクターのSDGsへの熱い視線だ。サイドイベントとして開催されていたビジネスセクター向けのイベントには、多くの関係者が集まっていた。

① SDGsを企業戦略に落とし込む

　The SDG Business Forum は、国際商工会議所、国際金融公社、国連グローバル・コンパクト、世界経済フォーラムが主催となり、「2030年の持続可能な開発に解決策とリソースをもたらす」と題して、6つのパネル、それ以外にブレックファーストセッションやプレナリーの開催があり、登壇者はグローバル企業のCEO、大統領、国連機関の代表者ら55人にも上った。（日本企業は登壇1社、参加もその同じ1社のみ）

　途上国のSDGs 達成に必要な資金は、毎年 3.9 兆ドルとの試算がある。一方で、先進国によるODA 総額は 1372 億ドル（2014 年）に留まり、このような資金のギャップをいかに埋めていくかという議論が開発資金の文脈ではすでに起きていた。その中で注目されているのが、民間セクター、特に企業の役割である。

　「SDGsを企業戦略に落とし込む」というセッションでマスターカードのExecutive Vice Presidentが語った取り組みは、いろいろな意味で印象的だった。世界の85％はまだ現金のみで決済しているため、電子決済をする新しい顧客を2020年までに5億人増やすことが、マスターカードのビジネスの目標であり、すでに50カ国で1億8000万人新しい顧客を獲得しているという。その新しい顧客は、つまり途上国の人たちであり、ナイジェリア、南アフリカ、ケニアでNational ID Programを実施し、政府と協力して国民のIDの普及にマスターカードの決済機能のついた

カード配布を行っている。調べてみるとこのプログラムには批判的見解を述べている人や、マスターカードの利用に至るプロセスが不透明という指摘もされている。このプログラムの成否は判断しかねるが、SDGs達成を考えるという「姿勢」を企業がビジネスの目標の実行に合わせて行動に移している例として興味深かった。

② SDGsに貢献するビジネスをスケールアップさせる

Business Fights Poverty（貧困と闘うビジネス）、Harvard Kennedy School CSR Initiative（ハーバード大学ケネディスクールCSRイニシアチブ）、DFID（英国国際開発省）の３者が主催するBusiness and the Sustainable Development Goals: Building Blocks for Success at Scale[11]（企業とSDGs:さらに大きな成功への構成単位）セッションでは、同名の報告書が作成されており、その中には、企業がSDGs達成の貢献に成功する場合の、構成要素がどのようなものか、ということを以下のように規定している。

ビジネスが開発に貢献するメカニズムとしては、１）コアビジネス、２）ソーシャル・インベストメント（寄付含む）、３）アドボカシーと政策対話がある。それを可能にする共通要素は何かというと、企業内起業家（Intrapreneurship）、パートナーシップ、変化を起こす経営幹部の存在であり、さらにSDGs達成のビジネスが大規模に成功するための構成要素は、１）意識・態度、２）事業の成立、３）実施能力、４）市場についての見識とモデル、５）自主的基準・行動規範・原則、６）政策・法規制の支援である、と述べている。この１）から６）については、①企業、②政府、③ドナー、④市民社会組織のそれぞれが何をすべきかがマトリックスになっており、具体的な提案が報告書に記載されている。例えば１）意識・態度については、市民社会組織は「革新的で責任あるビジネスを、より積極的に認知し、支持する」「ビジネスが開発において果たしている役割のポジティブな面とネガティブな面をまわりの関係者に伝え、教育する」などだ。［Jane Nelson, 2015］

ビジネスセクターが、CSV（共有価値の創造、Creating Shared Value）

の観点から熱い視線をSDGsに送り、自社のサステナビリティと世界の
サステナビリティを合わせて考えた事業戦略を展開しようとしている様
子を実感した。

5．サプライチェーンの人権に関する
　　ルール形成が始まっている

　企業のサプライチェーンの人権デューディリジェンスは、自主的に企
業が取り組むことへの期待を超え、法制化の動きが米国、欧州で出てき
ている。特に2011年の「ビジネスと人権に関する指導原則」以来この動
きが加速化しており、すでに日本企業も欧米のルールの影響を受けてい
る。

（1）米国

　サプライチェーンの児童労働にいち早く目をつけ法制化をしてきたの
が米国である。児童労働分野の市民ネットワーク組織「児童労働に反対
するグローバルマーチ」の創設者であり、インドで8万人以上の児童労
働者を救出し、2014年にノーベル平和賞を受賞したカイラシュ・サティ
ヤルティ氏の影響をうけたトム・ハーキン上院議員（2015年に引退）が
米国内で様々な法改正や枠組みの策定に携わってきた。

　法整備として古くからあるものは貿易開発法（TDA: Trade and
Development Act）で、2000年に改定され、途上国のGSP優遇の条件に
ILO182号条約で定義されている「最悪の形態の児童労働」への取り組
みが追加されている。また人身取引被害者保護法（TVPRA: Trafficking
Victims Protection Reauthorization Act、2006年）は強制労働、児童労働
についてモニタリング、また撤廃に向けた取り組みの実行を求めるもの
になっている。さらに米国ビジネスサプライチェーンの人身取引と奴隷
の透明性に関する法律（2014年）では企業に強制労働、奴隷制度、人身
売買取引、児童労働のリスク、取り組み、是正措置の情報開示を求めて

おり、企業の社会的責任・情報開示を求める世界の潮流を反映している。

2008年の農業法（"Farm Bill": Food, Conservation, and Energy Act、2008年）では輸入農産物の児童労働・強制労働の関係者協議の場を政府が設け、ガイドラインを策定している。さらに、ドッド・フランク法（Dodd-Frank Wall Street Reform and Consumer Protection Act、2010年）では、サプライチェーンをさかのぼって紛争鉱物への関与を証券取引所に報告することを義務付けている。

最新の動きとしては米国連邦調達規制 Federal Acquisition Regulation（FAR）（2015年改正）があり、政府調達の原則・手続において、国家の人権の保護の義務の一環として、契約企業、下請け、また従業員を含め、人身取引や強制労働へ関与を禁じ、50万ドル以上の契約は「遵守計画」更新を義務化している。さらに、大統領令13126号（1999年）では　強制労働、児童労働による品目リストを更新、政府がそれらを調達することを禁じている。

実はTPP（環太平洋パートナーシップ協定）にも、第19.6条強制労働の項目に以下のような文言があった。

　　各締約国は、あらゆる形態の強制労働（児童の強制労働を含む）を撤廃するとの目標を認める。各締約国は、締約国が第19.3条（労働者の権利）の規定に基づき関連する義務を負っていることを考慮しつつ、自国が適当と認める自発的活動を通じ、全部又は一部が強制労働（児童の強制労働を含む。）によって生産された物品を他の輸入源から輸入しないよう奨励する。（政府訳、下線は筆者）

トランプ政権誕生によりTPPは今後どうなるかわからず、また新政権下でこれらの法律が今後どのような行く末を辿るのかは見守るしかないが、経済大国の政府調達のあり方として先んじて児童労働問題を重視してきた米国の歴史には日本も参考すべき多くの点が含まれている。

（2）欧州

　英国では英国現代奴隷法（Modern Slavery Act、2015年）が成立し、2016年発効した。セクション6「サプライチェーンの透明性」の中で、企業は「奴隷と人身取引に関する声明」を作成、公表することが義務づけられた。声明では人身取引売買、強制労働、債務労働などの「現代の奴隷制」のリスクがサプライチェーンにあるか、また人権デューディリジェンスを行ったか否かを報告することが求められている。この声明は取締役会の承認、ディレクターの署名、企業のウェブサイトでの公開とトップページからのリンクを張ることが要求されている。つまり情報を公開することが義務付けられているが、その中身の精査は政府自身は行わない。それは、市民社会組織にまかせる、ということらしい。この法律は英国で事業、または事業の一部を行い、商品やサービスを提供しており、全世界での年間売上高が3600万ポンド以上ある場合である。日系企業も対象となるため、すでにウェブサイトの声明公表が始まっている。

　フランスでも、サプライチェーン　デューディリジェンスに関する提言（2015年）、スイスでも責任ビジネス・イニシアティブ（2016年）、オランダでも児童労働のデューディリジェンスを義務付ける法律が成立している。またEUとして紛争鉱物提言（2016年）、非財務報告指令（2017年）が出ており、こういった原料レベルも含むサプライチェーンへの対応を迫る法律やルールが次々と生まれている。

●おわりに

　児童労働は人権問題であり、ビジネスの問題でもある。そのようなフレーミングが既に世界では始まっており、4年に一度開催される児童労働の世界会議においても、2013年の前回からサプライチェーンと児童労働のセッションが開催され、ビジネスセクターの登壇者が報告者として

各社、産業の取り組み事例を紹介している。今後Alliance8.7の中にもサプライチェーンがテーマとして位置づけられることから、児童労働問題へのアプローチにおいては企業のサプライチェーンという観点もこれまで以上に重要性を増している。

　現在、「ビジネスと人権に関する指導原則」の国内行動計画を日本政府が策定中である。最後に述べた各国でのルール形成が行われている中、日本企業としてグローバルレベルで競争力を高めていくためにも、日本としても欧米に準じた、サプライチェーンまたは公共調達のルール形成が必要ではないだろうか。実際にサプライヤーでもある日本の中小企業などが対応を求められている事象も出ており、日本としても日本企業の競争力を高めるためにも、グローバルなスタンダードに合わせた法制化と、ルール化が必要ではないかと思われる。

　企業としては、そのような法制化に備え、いち早く人権デューディリジェンスを実施できる体制を整えていくこと、社員教育等を通じ、そもそもの人権意識を高め、グローバルな文脈の中で自社の事業を見る目を養うことが必要ではないだろうか。ACEとしても、児童労働撤廃を2025年に達成するためには、企業の力が不可欠と考えている。企業との連携事例を増やし、協働して児童労働撤廃を進めていきたい。　●

1　ILO, "Marking the Progress against Child Labour" (2013)
2　https://www.dol.gov/ilab/reports/child-labor/list-of-products/index-country.htm
3　https://www.dol.gov/sites/default/files/documents/ilab/reports/child-labor/findings/2015TDA_1.pdf
4　http://www.monsanto.co.jp/data/countries.html
5　Davuluri Venkateswarlu, COTTON'S FORGOTTEN CHILDREN -CHILD LABOUR AND BELOW MINIMUM WAGES IN HYBRID COTTONSEED PRODUCTION IN INDIA,2015
6　Pesticide Acton Network, Uk, Deadly Chemicals in Cotton, 2007
7　ibid

8　Vietnam Labor Watchのレポート。
　　http://www.saigon.com/nike/reports/report1.html#labourlaw
9　ベトナムの労働法では15歳以上18歳未満の未成年の労働は認められているが、
　　1日7時間、週42時間以内と定められている。また未成年が就業してはならな
　　い職種が管轄省により別途定められており、有害物質・重機の扱いも制限があ
　　る。就業最低年齢を上回っていても、今回の労働環境・条件から児童労働と判
　　断できる。
10　Deloitteによる分析、ACE発表資料より。
11　http://reports.businessfightspoverty.org/wp-content/uploads/
　　sites/49/2015/09/BusinessandSDGs.pdf

CSRは人権侵害を止められるか

和田征樹

●はじめに

　昨今、CSR（企業の社会的責任）が大きく注目されている。新聞や雑誌にも CSR の文字が頻繁に躍り、多くの日本企業もCSRレポート（サスティナブルレポートとも呼ぶ）が年次で報告されている。その背景に様々な要因が存在し、昔は、企業は利潤だけを追い求めていれば優良企業とされていたが、現在においては、環境問題、社会への取り組み、サプライチェーン上の人権問題などの社会的責任を果たすことが求められている。

　そのような潮流の中、企業も2000年代前半から、CSRを重要と考え、取り組みを始めている。そして、それが現代においては企業の価値を計る尺度にもなっている。

　「サプライチェーンにおける人権侵害」が、世界では2000年前後から盛んに議論されている。1990年代後半においては、世界的スポーツブランドのサプライチェーンにおいて、児童労働、強制労働などが見つかり、NGO（非政府組織）、NPO（非営利組織）などの活動が盛んに行われ、不買運動が行われた。各メディアによるこの不買運動が大きな影響を及ぼし、欧州、米州の企業は、製造拠点や取引先の労働環境、労働条件を確認することが求められ、人権侵害と考えられる問題に関しては、企業の責任を果たすべく取り組みを広く社会より要求された。

　1990年代後半の不買運動への対応は、当初、製造拠点や取引先に対して、労働環境や労働条件の改善要求を行い、各製造拠点・取引先の対応

を促すことを行っている。特に欧州、米州の企業においては、委託生産による商品製造が多く、資本関係がない取引先が主たる製造拠点となっていたため、改善要求を行うことのみに留まった企業が大半であった。しかしながら、NGO、NPOや消費者においては、児童が製造した商品、強制的に労働を強いられた環境で製造した商品を手にすることを許すことはできず、積極的に企業が関与をすることで、改善することを願っている。また、投資家もこの動きをとらえ、スポーツブランドのNIKE（ナイキ）の1997年初は株価33ドルであったが、2000年初めには株価14ドル前後となっている。

　近年においても同様の事例が、日本企業であるファーストリテイリング社でも起こっている。2015年年初に株価4万4760円であったが、中国にある製造拠点での労働環境や労働条件に関するNGOによる記者発表後、5日間で株価4万1370円に下落している。

　現代においては、企業はグローバル経済の中で、開発途上国や様々な地域でビジネスを行う機会がある。そういった事業環境で、企業が経済活動を行うにあたり、何が人権侵害なのかを理解、認識することは容易ではない。理由は冒頭にあるが、企業は利潤を追求すること、生産性向上、低コスト商品の仕入れ、安価で良質な製品を提供することが目的であり、環境問題やサプライチェーンにおける人権侵害、企業が社会問題に対して取り組むということが求められるとは思っていなかったのではないかと考えられる。その取り組みの指標として、1990年代後半から、様々な国際規格、国際ガイドラインが発表されてきたが、特に2011年に国連「ビジネスと人権に関する指導原則」が発表されてからは、企業は人権ということを、より一層の経済活動を行わなければならない状況になってきている。今日においては、児童労働、強制労働以外にも、主たる課題として、労働力不足問題が引き起こす、現代の奴隷、人身取引による労働力確保に関する問題が人権問題として大きく取り上げられている。

●CSRにおける人権の位置づけ

　そもそも、人権の発展の歴史において、企業や市場の行動は基本的に国家の干渉から守られるべきものと位置づけられてきた。しかし、近年になって、企業のもつ影響力の大きさ、人権を侵害する可能性があるという立場から、企業は人権保障に責任をもつ主体組織と位置づけられるようになってきた。世界人権宣言が、その前文で国家だけでなく「社会の各個人および各機関」を人権の担い手としていることはその象徴であると考えられる。

　国連はその後、人権の国際基準を発展させ、1990年代中盤までにほぼ現在の枠組みをつくり上げ、多くの国家が様々な形で参画するようになり、人権の普遍性に関する国際的な合意が確立されるにいたった。

　他方で、企業活動においては、国家がその権力を濫用することで人権侵害を引き起こしてきたことと同様、企業が利益を追求することによって労働者の搾取や資源の収奪などの人権侵害に関与してきたことを物語っている。しかし、近年になって、各国の政府は社会の安定のため私企業による人権侵害を防止するための様々な規制・ルールを生み出すようになった。そして1990年代以降になって、経済のグローバル化とそれにともなう多国籍企業の影響力の増大が、先進国においては雇用の問題と社会的排除の問題、開発途上国においては労働条件や搾取、資源開発地における住民の人権侵害を引き起こしているとの指摘が強まり、企業活動における人権への配慮は「社会的責任」として位置づけられるようになった。

●CSR調達とは

　企業のCSR活動の中で、特に人権侵害に対しての活動を行う分野をCSR調達、およびサプライチェーンCSRと言われている。

　CSR調達とは「調達先であるサプライヤーに対し、何らかのCSRにかかわる調達基準を提示し、それに対する順守を要請していく行為」と定義される。またグローバル・コンパクト・ジャパン・ネットワーク サ

プライチェーン分科会（以下、GC-JN）では、2011年に「バイヤーが製品・資材・原料などを調達するにあたり、サプライヤーと協働して従来の品質・性能・価格・納入期間などに環境・労働環境・人権などのCSR要素を加えて、サプライチェーン全体でCSR活動を推進する活動」と定義している。

　このように基本的には従来から持つ企業の調達方針の中に、環境・社会問題といったCSR課題を組み込む取り組みを指す。しかし、GC-JN（2011）の定義で示されるように、単にバイヤー企業の持つ調達方針の順守を要請するだけでなく、サプライヤー企業と協働しながらサプライチェーン全体にCSRマネジメントを組み込むことが必要である。

　しかしながら、日本企業はCSR調達やサプライチェーンCSRの推進が欧州・米州企業と比較すると進んでいない。進まない理由に、政府の推進体制や支援の遅れがあると私は考えている。また、日本企業のグローバル化の進度によっても推進度が変わることもある。

●国際ガイドライン・法整備化の現状

　サプライチェーン上の人権問題の複雑化・不透明化は、企業のリスクとして重くのしかかり、事業運営を不確実なものにしている。こうした状況の中、国連では、2011年に「ビジネスと人権に関する指導原則」が採択された。この原則によれば、企業には、サプライチェーンにさかのぼって人権侵害に関し相当の注意義務を負うという「デュー・ディリジェンス義務」が課され、さらに、「企業は、負の影響を引き起こしたこと、または負の影響を助長したことが明らかになる場合、正当なプロセスを通じてその是正の途を備えるか、それに協力すべきである」ということが義務付けられている。こうしたルールに沿って、日本でも企業にサプライチェーンの透明性を求める法整備が進められることが予想されるが、海外にはすでにいくつかの事例がある。

①イギリスの事例

イギリスは2015年３月、「現代奴隷制法（Modern Slavery Act 2015）」を制定し、同年10月に施行した。62条と附則５からなるこの法律は、人身取引等の現代的な奴隷制の防止を目的とした法律であると同時に、企業に対して、サプライチェーンにおける強制労働と人身取引の防止努力に関する年次報告書の公表を求める規定が盛り込まれている。同法により、イギリスを拠点に活動する年間売上高が3600万ポンド（約60億円）以上の企業は毎年度、「奴隷制・人身取引報告書（slavery and human trafficking statement）」を作成し、ホームページなどで公表することを求められる。報告書には、企業がサプライチェーン、および自社のあらゆる事業の部分において、奴隷と人身取引を起こさないことを確保するために行った当該年度の取り組みと以下の情報について記載することが求められている。

＜記載要求事項＞
A）企業組織の構造、事業内容およびサプライチェーン
B）奴隷と人身取引に関する方針
C）事業とサプライチェーンにおける奴隷と人身取引に関するデュー・ディリジェンスのプロセス
D）奴隷と人身取引が発生するリスクのある事業とサプライチェーンの部門、およびそのリスクの評価と管理をするための取り組み
E）適切だと考えるパフォーマンス指標に照らして測定した、事業とサプライチェーンにおける奴隷と人身取引の発生防止のための取り組みの有効性
F）奴隷と人身取引に関するスタッフのトレーニング

　この法律の施行によって、搾取的なビジネスを抑制するとともに、消費者や投資家の商品購入・投資に役立つ具体的な指標となることが期待されている。

②アメリカの事例

　アメリカでは、カリフォルニア州サプライチェーン透明法が2010年に制定、2012年に施行された。同法は、同州で事業を行う、世界売上1億ドル以上の小売・製造業者に対し、サプライチェーンにおける人身取引や奴隷労働を排除する取り組みの開示を求める法律である。当該企業は、以下についての実施状況を自社のホームページに掲載することが要求されている。また、ホームページがない企業は、消費者からの要求後30日以内に書面にて開示が必要とされている。

＜記載要求事項＞

A）サプライチェーンにおける、人身取引および奴隷のリスクに関する評価と取り組みの審査（Verification）状況と、それが第三者によって行われたものかどうか

B）サプライヤーの順守状況に関する監査（Audit）の実施状況と、それが独立した第三者による抜き打ちのものかどうか

C）直接サプライヤー（Direct suppliers）への順守状況に関する証明（Certify）の要求

D）違反のあったサプライヤーや従業員に対する、内部基準や手続きの維持

E）サプライチェーンマネジメントに直接かかわる社員や役員への教育

　同法は人身取引や奴隷労働の排除を強制するものではなく、情報開示の要請に留まるが、対策していないことへの批判を恐れる企業に対して牽制の役割を果たすため、実質的には抑制効果があると言われている。

　また、2015年にアメリカで制定された「米国貿易円滑化及び権利行使に関する法律」などが挙げられる。これらの法律が企業活動にどのような影響があるかについて一例を挙げると、ピュア・サークル社の例が参考になる。ロイター通信の報道によると、2016年に同社により中国で製

造された低カロリーステビア（甘味料）が、「米国貿易円滑化および権利行使に関する法律」によってアメリカへの輸入が差し押さえられ、今後輸入が禁止される可能性があることが明らかにされた。このステビアは、コカコーラ社製品などに使用されるものだが、米国税関保護局が入手した情報によれば、同製品が強制労働を一部用いて製造されたとされており、同社はこの製品とその関連製品の製造において強制労働を含まないことを3カ月以内に証明する必要がある。このように、事業活動に実質的な影響を与えるような法整備がなされてきている。

　また、国家による規制という側面で言えば、各国は国連ビジネスと人権に関する指導原則に沿った国別の政策を実施するための計画であるNAPの策定が求められており、英国を皮切りに、2016年12月現在で13カ国が策定を完了している。日本は2016年11月にジュネーブで開催された「ビジネスと人権フォーラム」で国連指導原則へのコミットメントを表明し、12月にはNAP策定を持続可能な開発目標の実施指針に組み込むことを発表した。

　日本の政府、あるいは日本企業として、ビジネスにおける労働・人権問題に積極的に取り組む必要性は、近年国際競争力の観点から論じられている。上述したように、近年欧州や米国では、法規制によって、同国で事業を行う企業に対し、サプライチェーンにおける人権問題への対処を推進している。こうした取り組みを怠れば、事業の継続に影響を生じることにつながる。

　このような政府、あるいは国際機関の動向が、企業のサプライチェーン監査を推進している側面がみられる。今後、他国のように法整備が進み、NGO の存在感が高まることで日本でもサプライチェーンへの配慮が重視されていくことが予想される。けれども、そうした外からの圧力によって、渋々サプライヤーへの配慮を始めることが真にグローバルな企業の在り方であろうか。グローバルな市場で存続するために、サプライヤーへの負担を見過ごして利益の獲得に走るようでは、企業のサスティナビリティとサバイバビリティも危ぶまれる。

●CSR調達・サプライチェーンCSR・モニタリング

サプライヤーの労働環境のモニタリングがどのように行われているのかについて整理する。

企業の調達先に対して示す調達基準や行動規範を示し、順守を要請していく。具体的には、（1）サプライチェーン行動規範とは何か、（2）労働・人権に関する基準は、何を根拠に基準を策定しているのか、の2点に整理する。

まず、「サプライチェーン行動規範」とは何を指すのかについて説明する。企業のサプライチェーンにおける劣悪な労働環境に対する市場社会からの批判が強くなるにつれて、サプライチェーン上で生じる人権侵害や労働問題について対策する必要に迫られてきた。企業は、サプライヤーに対して労働環境の改善を要請することが求められる。その際に用いられるのが、自社の調達において、調達先となるサプライヤーにどのような条件を求めるかを示す「自主的な行動規範」である。ここで「自主的な」としているのは、この行動規範があくまで個々の企業が自ら作成したものであるということを含ませる程度のものである。「自社のサプライヤーに対して何らかの社会的な基準に基づく取引方針や調達方針を示す行動規範」を「サプライヤー行動規範」と呼ぶこととする。

なお、本文で「行動規範」とした場合には、基本的にはサプライヤー向けの行動規範を指すこととする。

では、どれほどの企業がサプライヤー行動規範を策定して自社のサプライヤーに対して労働環境などを含む社会的な側面へのコミットメントを行っているのだろうか。行動規範そのものが多様であることがしばしば指摘されていることからもわかる通り、実際にどれほどの企業がサプライヤーに対する行動規範を策定しているのかを特定するのは困難であるものの、2003年の世界銀行の調査において1000以上の企業行動規範が存在していることが明らかにされている。続けて、「正確な数を図るのは難しい」と前置きしたうえで、国連グローバルコンパクトへの署名企

業数がひとつの参考になると述べている。日本国内の組織であるグローバルコンパクト・ネットワーク・ジャパンの公式サイトの解説を引用すると、国連グローバルコンパクトとは「各企業・団体が責任ある創造的なリーダーシップを発揮することによって、社会の良き一員として行動し、持続可能な成長を実現するための世界的な枠組み作りに参加する自発的な取り組み」で、署名団体が賛同する4分野、10原則が定められている。この中に労働に関する原則が複数含まれており、2016年12月28日現在、公式ウェブサイトによれば、全世界で9000以上の企業が署名している。また、サスティナビリティ関連のNPO組織であるCeresが2014年に行ったアメリカの株式公開企業（サンプル、613社）を対象にした調査では、「58%にあたる353の企業がサプライヤー行動規範を有しており」、2012年調査時の43%から上昇していることがわかる。以上から、企業のサプライヤーに対する行動規範の策定が広まっていることが読み取れる。

行動規範はどのように策定されるのか。具体的には、どのような主体によって、何を基準に策定されるのかを整理できる。まず、市民社会からの批判に対する自主的な規制としての企業の対応を3つの基本的な分類に分けられる。

①企業個別の行動規範
②産業団体によるイニシアチブ
③第三者による監査の受け入れ

この3分類は企業の自主的な規制の動きを発展的に捉えるものであるとし、規制の弱い企業個別の行動規範をステイクホルダーの関与とともに強化していく動きがみてとれる。

次に、多国籍企業の公正労働基準を構築するための方法として、企業が労働基準として策定する行動規範を、①企業の行動規範、②NGOの行動規範、③産業全体の行動規範という3つに分類できる。

「何を基準に行動規範を策定するか」という点である。今日多くの企業が策定しているサプライヤー向けの行動規範で基準とされる「企業のサプライヤーにおける労働者の賃金、労働環境、安全衛生」は何を拠り所になされているのだろうか。多くの企業の行動規範において一般的に参照されているのは国際労働機関（ILO）の中核的労働基準であるとされている。

　したがって、ここでは今日国際的な労働基準に関する最もベーシックな規範とされているILOの「中核的な労働基準に関する基本的権利を保障するための４分野とILO条約」について、整理をする。

　「国際的観点からみた労働分野でのCSRの中核」として、ILOが採択した二つの「宣言」を挙げる。まず「国境を超えた企業活動がますます盛んになり、各国政府の段階ではコントロール不能な問題が出て来たことから、多国籍企業の行動について規範を制定し、監視することが必要ではないか」という国際社会からの要望を受け、ILOは1977年に「多国籍企業及び社会政策に関する原則の三者宣言」（三者宣言）を採択した。その後、さらなるグローバルな企業活動を背景に拡大した人権や労働における基本的な権利を無視した企業活動に対応する形で、1998年に「仕事における基本的原則及び権利に関するILO宣言」（新宣言）とともに、この宣言の実効性を付与するために、同宣言のフォローアップ手続きを定めた付属書を合わせて採択している。続けて、ILOはこの新宣言で、グローバル化による経済成長が持続可能なものとなるためには、社会正義や社会的公正などを担保する必要があるとし、それらに関わる以下の４分野８条約を、数ある国際労働条約のなかで特に中核的な最低労働基準として設定した。加えて、これらの中核的労働基準に関する基本的権利は、その条約を批准していると否とにかかわらず、ILOの「加盟国であるという事実そのものにより、誠意をもって、憲章にしたがって」、「尊重し、促進し、かつ実現する義務を負う」ものと宣言されている。

ILO中核的労働基準

4分野	8条約
結社の自由、団体交渉権の承認	結社の自由及び団結権の保護に関する条約（87号）、団結権及び団体交渉権についての原則の適用に関する条約（98号）
強制労働の禁止	強制労働に関する条約（29号）、強制労働の廃止に関する条約（105号）
児童労働の禁止	就業の最低年齢に関する条約（138号）、最悪の形態の児童労働の禁止及び廃絶のための即時行動に関する条約（182号）
差別の撤廃	同一価値の労働についての男女労働者に対する同一報酬に関する条約（100号）、雇用及び職業についての差別待遇に関する条約（111号）

●サプライチェーン監査

　企業はサプライヤー行動規範を作成したうえで、その規範がサプライヤーの現場レベルで遵守されるようにする必要がある。そのため、まず企業はサプライヤーに対して行動規範を周知させる。ただ、それだけでは実際に遵守されていることが確認できない。そのため、企業には、行動規範が守られているのかどうか逐一確認することが求められる。その手法として、広く一般に行われているのがサプライチェーン監査である。

　なお、一言にサプライチェーン監査といっても、監査の形態に関していくつかのパターンが考えられる。

1．企業の担当者がサプライヤーに出向き調達先の労務管理を監査する。（「内部」二者監査）
2．企業から依頼を受けて、外部の組織が、あるいは外部組織と企業担当者がともにサプライヤーに出向き調達先の労務管理を監査する。（「外部」二者監査）
3．独立した（利害関係のない）第三者機関が、調査を実施しその信憑

性を保証する。

サプライチェーン監査は、一般的に下記のような手順がとられ、調達先の労働環境を確認する。

①工場長からの現状などに関するヒアリング
②労務・人事関係書類等のチェック（書面審査）
③従業員に対するインタビュー
④工場内視察などをもとに情報収集
⑤得られた情報を監査チームで整理および共有
⑥工場経営側にフィードバック

この流れでサプライチェーン監査は進められ、調達先における労働・人権課題を確認する。なお、この順序はおおまかな流れであり、多少重なり合う形で行われることも多い。たとえば、書類審査を行いながら必要な聞き取りを追加的に実施、また、監査チームでの情報共有後に再度書類を要求して審査をするなど。

③の従業員に対するインタビューでは、全従業員の中からを監査側で無作為に選定し、担当者が順に実施する。インタビューは別室で行われ、工場長を含むインタビュー対象者以外の関係者は同席しない。④の工場内視察などをもとに情報収集が行われる。最後に⑥では上記の⑤の内容を踏まえて、監査リーダーから工場経営者側に対して報告を行う。ここでは単なる報告だけではなく、具体的な改善案なども情報として共有する。

このようなサプライチェーン監査プロセスを経て労働・人権に関する課題がないかを確認し、課題が発見されれば調達先が主導で是正計画を立案し、改善活動を実施する。

しかしながら、監査に関しては、限られた時間の中で、全ての労働・人権に関する課題を発見することは難しい。また、文書確認やインタ

ビューでは、理解がしにくい課題もある。特に監査なれをしている調達先においては、文書が偽造されることや従業員インタビューのトレーニングがなされていることもある。監査においては、できる限りではあるが、真実を見抜く努力が必要とされる。

●監査の質とは

外部組織を利用したサプライチェーン監査は、監査の実行側である企業内部の人材が行うより信憑性が高いと考えられるが、ここでの「監査の質」を管理できないことは検討する余地が大きいと考える。ここでの監査の質とはすなわち、監査機関による監査がどの程度正確な情報を得てサプライヤーの労務管理や賃金、労働安全衛生の状態を判断できるかということである。ニューヨークタイムズによれば、工場監査のコストは1000ドルほどの1日で完結するいわゆる"チェックボックス監査"（あらかじめ定められた項目をチェックボックスに記入して行く方式）から5000ドルほどの徹底した監査まで様々であることが指摘されており、業者によるばらつきがあることからも、監査の質が監査機関とその選定によって左右されかねないことが読み取れる。

実際、バングラデシュで起きたラナプラザビルの倒壊事故は、サプライヤー労働環境の改善におけるリーディングカンパニーとされる企業の監査を受けた記録があった。また、別のサプライヤー工場で暴かれた児童労働のケースにおいては、実際に監査が行われているにもかかわらず発生した問題であり、こういったことが起こるのは"ゆるい監査レベル"によるものであるという批判も存在している。

外部組織によるサプライチェーン監査について、監査官が労働面に関する報告書を企業に単に提出しているだけであり、実際にそれを公表するのかどうかは企業自身に委ねられる点、監査機関が正確なインタビュースキルを有していない恐れがある点、そして第三者監査機関は企業と契約しているために直接利害関係にあるという点が"ゆるい監査レベル"と批判される要因とされる。

CSR は人権侵害を止められるか　　*43*

世界的スポーツブランドのNIKEがベトナムにおける製造委託先で、従業員の健康・安全の深刻な危険が監査によって発見されたものの、その情報の公表は妨げられ、第三者監査機関は、サプライチェーン監査の結果としてNIKEは同社行動規範を遵守しているとの認証を実行した。

このように、企業にとって、モニタリングの有効性を高めるために行ったサプライチェーン監査が、かえってサプライヤーの抱える本質的な課題を覆い隠してしまう潜在的なリスクを抱える可能性があることが懸念される。現状のサプライチェーン監査によるモニタリングにおいては、監査機関の質こそが企業の自主的なサプライヤーの労働監査の質を左右するのであり、この監査の質をどのように評価するべきかが、サプライチェーン監査の課題だと思われる。

●最後に

CSR（企業の社会的責任）がサプライチェーンにおける人権侵害を止められるのかは、現段階では断言できない。しかしながら、CSR調達、サプライチェーンCSRを企業が行うことで、ある一定の人権侵害をくい止めることは可能である。

本文でも説明をしてきたが、企業がCSR調達活動を行う理由はある。また、昨今の国際ガイドライン化や法制化においては、グローバル経済の流れを受け、企業が順守すべくルールが出来上がりつつある。企業はこのルールを順守すべく、監査などの手法にて、自社の調達先を管理することで、児童労働、強制労働、奴隷や人身取引の人権侵害問題を最小限にしていくことが求められている。

しかしながら、サプライチェーン監査がすべての問題点を浮き彫りにすることは難しく、問題の解決、改善へつなげることは容易ではない。

そこで、NGO、NPO、消費者団体、市民団体は、できれば継続的にサプライチェーン上の人権問題の監視、認知と改善を要求し、企業のCSR調達活動を促し、人権侵害のないサプライチェーンの構築ができるよう支援などを行うことが必要だと考えられる。

バリューチェーンにおける人権侵害

「ビジネスと人権に関する指導原則」からみる企業の責任とは

菅原絵美

●はじめに──ビジネスと人権とは

　「ビジネスと人権」という観点は、事業活動とステークホルダー（労働者、消費者、地域住民など）との関わりのなかで生じる人権問題を、「ビジネスと人権」という問題群として包括的に捉えるものである。したがって、この問題群に含まれるものは、労働問題から政府・反政府勢力による人権侵害への加担まで多岐にわたる。

　この観点が包括的であるポイントのひとつに、対象として労働者、消費者、地域住民などすべてのステークホルダーのすべての権利が含まれることが挙げられる。さらに、現在、ビジネスを成立させるには、複数の企業や団体などの国境を越えたつながりが必要不可欠となっている。包括的である第二のポイントとして、「ビジネス」の用語が対象とするところには、自社およびそのグループはもちろん、他社・団体とのビジネスの関係性、すなわちサプライチェーンおよびバリューチェーンにおける問題が含まれることである。

　本稿では、「ビジネスと人権」という観点からますます関心が高まっているバリューチェーンにおける問題群に対する企業の責任について、「ビジネスと人権に関する指導原則」（以下、指導原則）から分析を行い、その対応策の検討を行う。サプライチェーンとは、組織に対して製品またはサービスを提供する一連の流れ[1]であり、そこに関わる取引先やそのステークホルダーが関わる。例えば、製品・サービスの原材料や資材を他社から調達したり、自社製品およびその一部を委託して製造したり

する活動が含まれる。本稿では、サプライチェーンに加え、出来上がった製品またはサービスを顧客や消費者が受け取る一連の流れを含めたバリューチェーンを対象として考察する。

1. バリューチェーンにおける企業活動と人、人権とのつながり

バリューチェーンにおける企業活動と人、人権のつながりとして、資源調達、製造委託、流通、投融資の過程での事例を考察する。なかでもバリューチェーンにおける他社・団体による人権侵害に対し責任が問われたものを取りあげている。

（1）資源調達

グローバルに広がるサプライチェーンの最上流では、石油や希少金属の開発や、木材や農作物、水産物の確保といった資源をめぐる事業活動が展開されている。コンゴ民主共和国（DRC）の紛争では、反政府武装組織の資金源がその経営する鉱山から採取される希少金属であり、これらは紛争鉱物と呼ばれる。紛争鉱物への懸念は2010年の米国ドッド＝フランク法制定につながり、対象企業は自社製品に使用されている希少金属がDRCおよび周辺国産のものかどうかを、もしそうであれば鉱物の売買が武装組織の資金源になっていないかどうかを調査・報告するよう求められた。

また、近年、パーム油の調達現場での人権侵害が注目を集めている。2016年に国際NGOアムネスティ・インターナショナルは世界のパーム油貿易の43％を支配するウィルマー社の調達先である油やしプランテーションでの労働搾取に関する調査報告書を発表した。このウィルマー社の供給先には大手食品メーカーが含まれている。対象のプランテーションにはウィルマー社子会社が所有するものと、他社が所有するものの双方が含まれており、現場では組織的な労働搾取が行われていた。例え

ば、給料は労働時間と出来高から計算される複雑な仕組みになっており、一定の出来高を達成しないと基本給がもらえない場合もあり、そのことが家族である子どもを労働につかせる要因となっていた。NGOは、ウィルマー社に対し労働搾取の解消にむけて改善が遅滞なく行われるよう確保し、また大手食品メーカーに対しては自らのサプライチェーンの労働慣行を調査し、情報を開示するなどの取り組みを求めている[2]。

（2）製造委託

サプライチェーンでは原材料や部品の調達のみならず、電子・電機機器やアパレルをはじめとして、自社製品の製造を他社が担うケースも多い。ナイキ社もそのように自社製品の製造を委託してきた企業である。1990年代半ば、ナイキ社のアジア各地の委託先企業（工場）において低賃金労働、長時間労働、劣悪な労働条件、労働者への暴力、労働組合への介入といった労働慣行が明るみになった。他社の工場における侵害であったが、ナイキ社の〝sweatshop（搾取工場）〟と同社の社会的責任が問われ、世界的な不買運動が展開されることになってしまった。ナイキ社では、経営トップ自らが問題解決へのコミットメントを示しながら、委託先での労働環境を改善する部署を設置するなど、企業の社会的責任（CSR）としての取り組みが行われていった[3]。

このように製造委託の過程への問題提起が行われてきたにもかかわらず、2013年4月、バングラデシュのラナプラザ縫製工場ビルの倒壊という悲惨な事故を防ぐことができなかった。建物の違法な増築が直接の原因となり発生した倒壊事故は1100人を超える死者という被害の悲惨さに加えて、ビルに入っていた5つの地元縫製工場に世界的な大手ブランド複数社が自社製品の製造を委託していた事実が明るみになり、グローバル・イシューとして世界に発信された。事故の翌月には「バングラデシュにおける火災予防および建物の安全に関する協定」が発足し、ファーストリテイリング社をはじめとする委託元企業は地元企業や労働組合とともに、安全に関する検査や改善のプログラム、労働者のエンパ

ワメントを進めている。

（3）流通

　2020年東京オリンピック・パラリンピック大会の「持続可能性に配慮した調達コード（第1版）」が今年3月に発表された。調達コードは、製造のみならず、流通を対象としている。流通には、流通業務に関わる労働者の権利侵害はもちろん、流通の結果として、製品・サービスの使用が消費者およびユーザーに与える悪影響も含まれる。そのひとつに、製品・サービスの意図しない使用の問題がある。マイラン社のロクロニウム臭化物製品は米国国内で死刑の際に使用されていた。当該製品は医療用に開発されたものであり、死刑である薬物注射に使用されることは意図されたものではない。しかしながら、自社製品の死刑での使用がOECD多国籍企業行動指針の人権条項に違反するとして、マイラン社のオランダ法人を相手に、オランダ国内連絡窓口（NCP）に申立てがなされることになってしまった（世界では死刑は人権侵害であるとして廃止されている国が多く、オランダもそのひとつである）。NCPは、指針の違反にあたる事業、製品またはサービスと「ビジネス関係」を通じてつながっている場合も対象となるとし、本件では認められた取り扱いや基準と異なる目的での流通または販売は、この「ビジネス関係」にあたるとしている。なお、マイラン社は、NCPによる斡旋が続けられるなか、ロクロニウム臭化物製品の使用に対するステイトメントを発表し、自社が認めた使用目的でしか販売しないこと、そのための自社調査を行い、目的外使用のための購入をやめるよう書簡を送付するなどの対策をとることを表明した[4]。

（4）投融資

　製品・サービスを巡るつながりに加え、企業またはプロジェクトに対する資金提供のつながりもある。投融資機関では、90年代後半から、社会的責任投資のように、企業活動を財務面だけでなく、社会・環境面か

らも評価して投融資先を決定することを行ってきた。その一方で、投融資した企業またはプロジェクトにおいて人権侵害が発生し、投融資機関にもその責任を問われる事例が登場してきた。韓国の鉄鋼大手ポスコ社がインドに進出しようと地元政府と覚書を結び広大な用地を得たが、その用地は地元住民の強制的な立ち退きによって確保されたものであった。住民たちの生活は壊され、プロジェクトに反対する者には攻撃や暴力が行われ死者や負傷者が生じてしまっていた。このような深刻な人権侵害に対し、当該企業自身が批判を受け、責任を問われるだけでなく、そのプロジェクトに融資した金融機関も責任を問われることになった。当該金融機関は、資金的関係を通じて直接的につながっているポスコ社による人権侵害を防止し、軽減するための適切な手段を取らなかった。資金提供の割合だけでなく、投資機関の侵害企業への働きかけの力の度合が重要であり、本件では、たとえポスコ社への投資額は小さくとも、名だたる金融機関であれば働きかけはより実効的であるとして、ポスコ社への投資を継続するための最低限の要素が開示されるべきであったと金融機関の行動が問われた[5]。

　以上、事例を確認してきたが、自社とバリューチェーンを通じてつながりを持つ他社・団体が、ステークホルダーの人権を侵害している場合、自社はどのような責任を問われるのであろうか。次節では、企業の人権尊重責任を規定した国際文書である指導原則を考察する。

2．「ビジネスと人権に関する指導原則」における企業の責任

　2011年9月、国連人権理事会において指導原則[6]が全会一致の承認を受け、成立した。国連の歴史上、企業向けの人権規範が加盟国の承認を受けるのは初めてである。この指導原則は名前のとおり、法的拘束力を有さないものであるが、国連加盟国の承認を受ける文書であるとして、

国連諸機関で採用されるのはもちろん、ISO26000、OECD多国籍企業行動指針、GRIガイドライン、そして2017年に改訂されたILO三者宣言のなかにも組み込まれることになった。「ビジネスと人権」に関する中心的な規範である。この文書を手掛かりに、バリューチェーンにおける第三者による侵害行為に対する企業の責任を考察したい。

（1）企業の人権尊重責任の内容

　指導原則は国家の人権保護義務、企業の人権尊重責任、救済へのアクセスの3つの柱からなり、その中でも本稿の議論で重要となるのは第2の柱の「企業の人権尊重責任」である。その内容のポイントは以下のとおりである。

①企業の責任は人権を「侵害しない」責任

　企業の人権尊重責任における「尊重」とは、侵害をしないことを意味する。企業は、その活動において人権に悪影響を与えないよう防止し、悪影響を軽減し、そして適切な場合には悪影響を是正するための救済や苦情処理の措置をとる。このように、企業の人権尊重責任は、確かに「侵害しない（do not harm）責任」ではあるが、単に「何も手を出さない責任」ではない。障がい者の労働への権利を侵害しないよう、合理的配慮として職場のバリアフリー化やジョブコーチの配置を行うなど、人権を侵害しないために積極的な行為が求められる場合もある。

②国際人権基準が最低限の基準

　企業に尊重するよう求められる「人権」とは、国際的に認められた人権である。指導原則では、企業活動の最低限の基準になるものとして、4つの国際文書（世界人権宣言、自由権規約、社会権規約、労働に関する基本的権利および原則に関するILO宣言）を挙げている。これらが最低限の基準として位置付けられている。国内法も重要であるが、企業活動が国境を越えて展開されているならば、国境を越えて通用する普遍的な基

準を基礎とすべきではないかという国際社会の期待を示している。ゆえに、企業の人権尊重責任は、国内法で保障されているか否かにかかわらず、企業は世界のどこで活動していても最低限、国際的な人権基準を尊重する責任を負う。

③関係性（バリューチェーン）における作為・不作為の侵害が対象

　作為的に侵害する場合はもちろん、侵害状況に対して何もしない不作為（例えば、子会社の工場でアルミニウム粉塵が舞い上がっているのに安全対策を本社として指示しないなど）の場合も責任の対象となる。さらに、自社やグループ企業だけでなく、取引先企業を含むバリューチェーン全体が責任の対象となる。すなわち、自社で直接働く労働者にとどまらず、企業活動で関わるすべての人、例えば、消費者や地域住民、さらには取引先企業が関わる労働者、消費者、地域住民も対象となり、バリューチェーン全体に責任が及ぶのである。

（2）企業の人権尊重責任の実施

　このような人権尊重責任を果たすために、企業はどのように取り組めばいいのだろうか。指導原則の原則15では次のように規定する。

15．人権を尊重する責任を果たすために、企業は、その規模及び置かれている状況に適した方針及びプロセスを設けるべきである。それには以下のものを含む。
　（a）人権を尊重する責任を果たすという方針によるコミットメント
　（b）人権への影響を特定し、防止し、軽減し、そしてどのように対処するかについて責任を持つという人権デューディリジェンス・プロセス
　（c）企業が引き起こし、または助長する人権への負の影響からの是正を可能とするプロセス

　企業はその責任として、第一に、人権方針を設ける。経営トップからのコミットメントを示すなど、企業として国際的な人権基準をバリューチェーンにわたる事業活動において尊重するという姿勢を示した人権方

バリューチェーンにおける人権侵害　*51*

針を策定することである。ゆえに、人権方針には、労働に関する権利のみならず、自社の事業と関わる消費者、地域住民などのステークホルダーで問題となる労働以外の権利についても規定する。

　第二に、人権デューディリジェンスのプロセスを設ける。人権デューディリジェンスとは「人権に対する相当の注意」を意味する。すなわち、事業活動が人権に与える負の影響を特定し、防止し、軽減し、対処する人権デューディリジェンス（相当の注意）として、自社の事業活動の人権影響評価を行うこと、その評価結果を事業に統合させる仕組みをつくること、一連の取り組みを定期的に追跡検証すること、そして情報をステークホルダーに開示することの4つのプロセスが求められる。

　第三に、是正のプロセスを設ける。いくら方針をたてても、いくら人権デューディリジェンスのプロセスを備えても、残念ながら人権侵害は生じてしまう。そこで、人権侵害が生じた場合に被害者が救済を求めることができるよう、苦情処理メカニズムの設置などで人権侵害を是正する、またはそれに向けて協力することが期待されている。

（3）企業の人権尊重責任の特定

　指導原則では、バリューチェーン全体に対して企業の責任が及ぶとする一方で、差別や侵害などの人権への悪影響と企業が「どのようにつながっているか」に応じて、企業に求められる責任の内容や程度が規定されている。指導原則の原則13では、「つながり」の問題について、次のように規定している。

13.　人権を尊重する責任は、企業に次の行為を求める。
　a.自らの活動を通じて人権に負の影響を引き起こしたり、助長することを回避し、そのような影響が生じた場合にはこれに対処する。
　b.たとえその影響を助長していない場合であっても、取引関係によって企業の事業、製品またはサービスと直接的につながっている人権への負の影響を防止または軽減するように努める。

　ここでは人権侵害と企業活動との「つながり」を、①引き起こす場

合、②助長する場合、③直接的につながっている場合の3つに分けて考えている。

　①引き起こす場合とは、自社の行為が人権侵害の直接的な原因になっている場合であり、②助長する場合とは、自社の行為が直接的な原因ではないが、侵害の前提として決定的であったり、侵害の規模や程度を拡大させていたりする場合である。③直接的につながっている場合は、自社の行為自体は侵害とは何ら関係していないが、事業、製品、サービスを介して侵害者とつながっている場合である。

　そしてこの「つながり」の場合分けに応じて、実際に侵害が生じてしまった場合に企業にどのような責任が求められるのかを規定している。原則22は次のとおりである。

> 22. 企業は、負の影響を引き起こしたこと、または負の影響を助長したことが明らかになる場合、正当なプロセスを通じてその是正の途を備えるか、それに協力すべきである。

　つまり、企業は、人権侵害を①引き起こした場合、および②助長した場合に、その問題が是正されるところまで対応・協力することが求められる。一方、③直接的につながっている場合は、原則22の解説によれば、企業は問題を是正するという「役割」を担うことはあっても、「責任」として是正の途を備えるよう求められるわけではないという。この場合、企業は、人権侵害を引き起こしている組織に侵害を防止・軽減するよう働きかけることが求められる。

3. バリューチェーンでの人権侵害に対する　企業責任とその対応策

　指導原則を受けて、バリューチェーンでの他社・団体による人権侵害（自社が引き起こさない人権侵害）に対し、つながりを有する企業はどのような責任を負い、どのような対策が求められるのだろうか。前述の調

達、製造委託、流通、投融資の事例を用いながら考察する。

（1）自社、侵害者、被害者の関係を個別に判断する必要性

　指導原則では、自社のビジネス活動による人権への負の影響に対処するための「万能な解決策（one-size-fits-all response）」や「確実な解決策（silver bullet）」がないことが繰り返し確認されてきた。それは、バリューチェーンでの他社・団体による人権侵害への責任でも同じであり、一次サプライヤーか二次サプライヤーか、またはプロジェクトファイナンスかコーポレートファイナンスか、または製品やサービスの相違などによって、自社に人権尊重責任が及ぶか否かを機械的に分類できるものではない。例えば、銀行はその融資業務を通じてクライアント企業での人権侵害に間接的に関わっているに過ぎないが、「間接的であること」は「責任がない」または「責任が軽い」ことを意味するのではない。とはいえ、ビジネス関係の複雑さから、バリューチェーンの問題が後回しになってしまうことが企業にとって経営リスクになっていることはこれまでの議論からも明らかである。

　ではどうすればいいのか。まずは「侵害の本質」を明らかにしたうえで、「侵害と自社とのつながり」に基づいて考えることである[7]。例えば、「侵害の本質」として、クライアント企業の事業が周辺環境を汚染し、地域住民に健康被害が及んだ場合で、クライアントである企業が環境影響評価および人権影響評価を十分に行わずにプロジェクトを進めた場合を考える。この場合、「侵害と自社とのつながり」として、銀行は融資の判断の際に、クライアントが環境影響評価および人権影響評価をしているか否かを確認できたはずであるが、それを怠ったまま融資を決定したとすれば、本来知るべきはずの侵害の可能性を知らずに資金を提供しことになり、指導原則が定める人権尊重責任を十分に問われうることになる。このように、個別に「侵害の本質」および「侵害と自社とのつながり」を考えていく必要がある。

（2）助長した場合の是正する企業責任

　本稿で挙げた事例（本書46 〜 48ページ参照）をみてみよう。指導原則では、発生した人権への負の影響を、自社が引き起こし、または助長する場合は、その負の影響を是正する責任を負うとしている。自社の子会社およびグループ会社が国内外で自社製品の製造の一過程を担う場合、サプライチェーンとしてこれらの会社が含まれる場合があるが、指導原則では、子会社およびグループ会社の行為はその親企業の責任になるため、この場合は「引き起こす」にあたり、人権への侵害を是正するまでの責任が問われる。

　では自社とつながりのある他社・団体が侵害を引き起こしている場合を検討してみよう。調達の過程でのウィルマー社の事例では、子会社が所有するプランテーションでの侵害はもちろんウィルマー社の責任だが、一次サプライヤーによる組織的な人権侵害が問題となる。委託製造の過程として取り上げたナイキなどの大手ブランドの事例もそうであるが、取引先で発生した侵害と、自社の決定や行為との間に因果関係が認められる場合は「助長した」場合にあたる。例えば、契約を結ぶ際に、現在取引先でステークホルダーの人権が尊重されているかどうか、また自社と取引先の契約条件が新たな人権侵害を引き起こす可能性がないかどうかなどを、十分に評価する必要があった。このように、取引先の人権侵害を知っていたのに、または知るべきはずであったのに、それに対処する取り組みがなく、契約を結び、侵害が発生したのであれば、それは人権侵害を「助長した」場合である。企業は、最終的に問題が解決するまで責任を負うことになる。

（3）人権侵害と直接的につながっている場合の是正を働きかける
　　企業責任

　一方、同じ取引先である他社・団体による侵害であっても、人権侵害と自社との間に因果関係は認められないが、人権侵害自体と自社の製品またはサービスとの間につながりがある場合が「直接的につながってい

る」場合にあたる。

　例えば、調達の過程での紛争鉱物およびパーム油の事例で、企業は、商社などを介して調達を進める場合は特に、現場での人権侵害に直接的な因果関係を有していない。しかし人権侵害の結果である鉱物またはパーム油を自社製品に使用しているという直接的な「つながり」を有している。これは流通の過程も同様である。マイラン社の事例では、死刑を実際に執行しているのは政府であるが、その死刑で使用されているのはマイラン社の製品であった。これらの場合、自社の製品やサービスが人権侵害を引き起こす方法で製造されてはならない、または使われてはならないという自社の期待や方針を明確に取引先に伝えることが必要とされる。例えば、パーム油を使用している企業は、自社の該当する製品はどれか、そしてその製品に使われているパーム油がどこの国のどの会社から供給されているのかについて、情報開示をするよう求められている。そうすることで、パーム油の栽培および加工の過程で人権侵害が発生しないよう働きかけることができる。

（4）前提としての人権デューディリジェンスの実施

　バリューチェーンでの他社・団体による人権侵害に対する企業の責任について確認してきた。自社の事業活動と人権侵害との間に因果関係が認められる場合、すなわち、知るべきはずの取引先での人権侵害を知らずにビジネスを始める場合またはビジネスを続ける場合は「助長する」にあたり、人権侵害を是正するまで責任を負う。一方、因果関係は認められないが、人権侵害と自社の製品・サービスにつながりがある場合は、自社と「直接的につながっている」にあたり、取引先に人権侵害を是正するよう働きかける責任を負う。いずれの場合も、バリューチェーンでの人権侵害を認めないことを方針や取り組みを通じて示していくことが期待されている。つまり、指導原則の実施、特に人権デューディリジェンスの徹底が第1のステップとなる。「助長する」と「直接的につながっている」には連続性があり、例えば、当初は「直接的につながっ

ている」が相当であったが、その後、人権影響評価を定期的に行わな
かったために、「助長する」にあたるようになってしまったと判断され
る事例も出てくるだろう。

　このように、企業は人権影響評価を通じて、自社の関わる人権リスク
の全体像をとらえ、その被害の深刻さに重きをおきながら優先度をつ
け、優先度の高い課題から取り組んでいくことが求められる。人権リス
クの全体像を捉えるためには、自社と取引を行う他社・団体が人権侵害
を引き起こしていないかどうかを確認するだけでなく、自社の事業活動
が他社・団体による人権侵害を助長していないかを確認する必要がある
ことに留意が必要である。そして、人権影響評価の結果を、社内の経営
判断につなげていくための組織やプロセスを持っているかどうかが鍵と
なろう。

●おわりに

　2011年に承認された指導原則は、調達、製造委託、流通、投融資と
いったバリューチェーンのなかでの他社・団体による人権侵害に対して
も自社の人権尊重責任が及ぶと規定している。侵害の本質、そしてその
侵害と自社の間にどのようなつながりがあるのかに応じて、企業に問わ
れる責任の内容が異なってくる。他社・団体による人権侵害に対する責
任を果たせるか否かは、原点に戻り、指導原則に規定された人権デュー
ディリジェンスのプロセスをいかに実現できるのかにかかっている。●

1　ISO/SR国内委員会『ISO26000：2010 社会的責任に関する手引き』（日本規格
　　協会、2011年）42頁。
2　Amnesty International, "The Great Palm Oil Scandal: Labour Abuses Behind
　　Big Brand Names" (2016).
3　Dorotheé Baumann-Pauly & Justine Nolan（ed.), "Business and Human
　　Rights: From Principles to Practice", pp 3 −6.
4　Ministry of Foreign Affairs, National Contact Point, OECD Guidelines for

Multinational Enterprises, "Final Statement: Bart Stapert, attorney vs. Mylan (11 April 2016)".

5 Ministry of Foreign Affairs, National Contact Point, OECD Guidelines for Multinational Enterprises, "Final Statement: ABP/APG - Lok Shakti Abhiyan, KTNC Watch, Fair Green and Global Alliance, Forum for Environment and Development (September 2013)".

6 以下の指導原則の各原則の日本語訳は、アジア・太平洋人権情報センター（ヒューライツ大阪）と特定非営利活動法人サステナビリティ日本フォーラムによる翻訳（https://www.hurights.or.jp/japan/aside/ruggie-framework/）に基づく。

7 OHCHR, "OHCHR Response to Request from BankTrack for Advice Regarding the Application of the UN Guiding Principles on Business and Human Rights in the Context of the Banking Sector" (12 June 2017).

> **参考資料**

奴隷の織布
南インドの紡績工場における大規模な（児童）強制労働

オランダ・インド委員会（ICN）

　タミールナドゥ州はインド最大の綿糸生産地であり、近年においては衣料品調達の世界一大ハブとなっている。今や、綿糸紡績産業は州および国の経済にとって欠かせないものになった。タミールナドゥ州政府刊行物は、インドは中国に続く世界最大の綿糸生産国であり、世界全体の５分の１強を生産していると報告している。インドの綿糸の35〜40%はタミールナドゥ州からのもので、州には約1600の工場があり20万から40万人を雇用している。

　この糸の約30%はタミールナドゥ州にあるC&A、H&M、マークス＆スペンサー、プライマーク、ウォールマート、Zaraをはじめ多数の世界ブランドの輸出工場で使われている。シェアは不明だが、同じくこの糸はインドの他の地域にある輸出用衣料品の拠点でも使われている。タミールナドゥ州で製造された糸は、輸出用の家庭用繊維製品を作る国内の工場にも出荷されている。さらに、2012年の推算では、綿糸の20%以上がバングラデシュや中国などの衣料品製造用として直接輸出されている[1]。以前の多国籍企業調査センター（SOMO）とオランダ・インド委員会（ICN）の調査で、バングラデシュ建造物火災安全協約に入っている５つの工場が、タミールナドゥ州の２つの綿糸工場から材料を調達していることがわかった[2]。そのため、私たちの着ているシャツがインド製でなくても、綿糸はインドから来ているかもしれない。

奴隷の織布　*59*

ICNはこれまで数年間、SOMOとモンディアールFNVと協力して、タミールナドゥ州の紡績工場の苛酷な労働条件に注意を喚起してきた。これまでの報告書は、西欧のブランド製品を直接製造する複数の工場における、強制的な児童労働を含む現代的形態の奴隷制を実証してきた。今は、手元にタミールナドゥ州の繊維産業の労働条件の全体像を示すだけのデータが集まった。

　市民社会組織、労働組合、企業など、複数のステークホルダー、ビジネス界そして政府機関は、南インドの繊維産業における苛酷な雇用・労働慣行をなくす取り組みを行ってきた。それにより、ターゲットにした一部の工場で改善が見られた。本報告書が示す通り、強制労働、労働時間、賃金、社会保障などにおいて、インド労働法および国際基準に準拠している紡績工場はまだごく少数にとどまっている。

　2015年7月から12月の間、8人の調査員と40人のボランティアが、タミールナドゥ州の4地域（ディンディグル、ティルプール、エロード、ナマッカル）にある743の工場の2286人の労働者に聞き取り調査を行った。これはタミールナドゥ州の紡績工場で働く全労働者のほぼ半分にあたる。これら工場の規模は大小さまざまで、輸出専用の総合的な工場の紡績部門も含まれている。さらに、各工場で平均6人の労働者に出てもらいグループ討論を行った。また、調査員は届け出られたセクハラや虐待の事件に関してデスク調査も行った。

強制労働

　1930年ILO強制労働条約（29号）は強制労働を、「処罰の脅威によって強制され、また、自らが任意に申し出たものでないすべての労働」と定義している。インドはこの条約を批准している。強制労働はインド憲法がすべての市民に保障している基本的権利の侵害である。憲法第23条（1）は、「人身取引……およびその他の形態の強制労働を禁止する」と規定している。強制労働は一般的に言われている「現代的奴隷」の一つ

の形態である。強制労働として指摘するILOの11の指標のうち、次の9つの指標[3]が紡績工場労働者にあてはまる。

脆弱性につけこむ

1990年代以降、成人男性の組織化された労働力が、男性より従順な若い女性の労働力にとって代わられてきた。今や、紡績工場の女性労働者の80%は18歳以下であり、60%はダリット出身者である。調査員は少なくとも労働者の4分の1はインドの他の州、特に貧しい州からの出稼ぎ労働者であり、社会的ネットワークをもたず、言葉や文化の違いによる困難さを抱えていると推測した。ジェンダー、貧困、年齢、文化的違い、そしてカーストは、働く者と雇用者の間に不均衡な力関係を生み、それら少女や女性は、たいていの場合、年上で上位カーストの男性の監督や雇用者による搾取から身を守ることができない。

紡績工場で働く女性たちの寄宿舎

奴隷の織布　*61*

騙し

若い女性たちは、高い賃金、快適な寮、1日3度のきちんとした食事、そしてダウリー（結婚する時の持参金）に使えるほどの一時金支給などの約束につられて紡績工場に来る。労働者は条件について騙されてきたため、自由で説明を受けたうえでの同意を雇用者とは交わしていない。

移動の自由の規制

会社が管理する宿舎（徒歩圏内に立地していることもある）に住む労働者もおり、移動の自由を制限されている。宿舎住まいの女性の労働者は、周辺地域の習慣を口実に、宿舎から自由に出てはいけないと言われることがよくある。一部の工場は月に1度か2度、警備員同行による数時間の買い物の自由を認めている。移動の自由は強制労働を示す有力な指標となる。

孤立

宿舎で寝泊りする紡績工場の労働者は、しばしば外部の世界との接触の機会を厳しく制限される。携帯電話の使用が禁止され、家族への電話は監視者の立ち会いのもとだけ許されている工場では、外部との接触がさらに制限される。これは若い女性の宿舎住いをさらに難しいものにしている。少女たちを家族や友人から切り離し、不満があっても言えないようにしている。さらに、労働組合からの、あるいは労働組合への接近をできないようにしている。

身体的および性的暴力

C&A財団より委託された自由基金のレポートは次のように述べている。身体的虐待やセクハラのケース（上司による性行為の要求も含む）も工場で報告されているが、被害女性はたいていそれについて話たがらないし、訴えようとはしない。インタビューをした女性や少女たちは、共通して、工場内で起きたセクハラはよくあることで、たとえ会社に訴えたとしても、無視されると考えていた。宿舎に住む少女たちはこの形態の搾取をもっと受けやすいと思えるし、そうした苦情を申し立てる制度

はない。少女たちは「宿舎内で自殺が起きたと聞いたこともある」と証言しており、レイプやセクハラとの関係が疑われる[4]。

オーストラリアの学者たちもセクハラは日常的に起きていると報告している。「ハラスメントを経験した女性たちは詳しいことは話したがらない。しかし、数人から聞いた話では、上司に身体を触られたら、座りながら作業ができるとか、病気になれば休んでよいし手当ももらえるなど、楽ができることを意味する」[5]。性暴力は強制労働の強力な指標である[6]。

威嚇と脅迫

上司による乱暴で虐待的な扱いは紡績工場ではよく起きる。ILOによれば、労働者を絶えず侮辱したり傷つけることは労働者の強迫観念となり、無力さをより強く感じさせることになる[7]。

賃金の天引き

いわゆる"スマンガリスキーム"は債務労働を表わすさまざまな名称の一つであり、若い女性は、ダウリーに使えるほどの一時金をもらえるという口約束に惑わされ、紡績工場で働くようになる。実際には、この一時金は賃金から天引きされた額の積み立てであり、労働者をつなぎとめておくためのものである。不健全で搾取的な条件のもと、3年から5年の契約期間を満了した少女だけに一時金が支払われる。それができなければ、そして多くは健康上の問題や搾取あるいは酷使のために、天引きされた額を受け取ることなく辞めていく。ほとんどの場合、雇用の事実を示す証拠がないため、少女たちが退職後に還付を請求したり権利があると主張することは非常に難しい。労働者を辞めさせないために、また他の工場に転職させないために行われている制度的で意図的な賃金の天引きは、ILOの定義によれば強制労働である[8]。

虐待的な労働および居住条件

労働条件は厳しく賃金は低い。紡績工場は1日24時間のフル稼働であり、夜のシフトは18歳以下を含むすべての労働者にまわってくる。休憩時間は非常に短く、工場内の環境は不健全で不快である。湿度が高く、

奴隷の織布　*63*

外気は入ってこず、綿埃が舞っており、慢性的な頭痛や呼吸器系の病気など多くの健康問題を招いている。宿舎はバスルームの数が足らず、トイレは汚く、働く者にとって深刻な問題である。その一方で食事は粗末なため栄養不良が懸念される[9]。

過剰な残業

紡績工場では、少女と若い女性、特に宿舎に住んでいる女性たちの長時間労働が顕著である。12時間の通常シフト、強制的な1.5シフト、そして強制的なダブルシフトは例外なくまわってくる。宿舎に住む女性労働者は必要となれば夜中に起こされ、時間外労働を強いられる。あるいは、作業が終わっていなければ宿舎に戻ることを許されない。紡績工場の労働者はしょっちゅう疲労と疲労からくる健康問題を訴える。疲れがたまると事故もよく起きる。過剰な残業自体は必ずしも強制労働を意味するものではないが、経験則から言えば、従業員が、何らかの脅しのもと、あるいは最低賃金を稼ぐために、労働法で規制されている残業時間を超えて働かなくてはならない場合、それは強制労働になる[10]。

定義

"スマンガリ"や"キャンプ労働"などの用語は、タミールナドゥ州の繊維工場での強制労働を示す場合によく使われる。"スマンガリスキーム"は"若い女性が一定期間の契約で働き、法定最低賃金のかなりの部分や、彼女たちの当然の権利であるその他の支払い（例えば、準備基金）が契約が満了するまで天引きされる"ようなすべての形態の強制労働を意味する。"キャンプ労働"は、女性が会社の管理する宿舎に移動の自由が著しく制限された状態で寝泊りし、呼び出されたらいつでも出勤し、自由に働き場所を変えることができないようにされた状況を指す[11]。

調査から見える発見

●スマンガリスキーム

　この調査では、スマンガリや呼び方は異なるがよく似たスキームを調べた。さらに、エロード地区では、いくつかの工場で働く他の州からの移住労働者は、雇用主を変えることができないよう賃金の前払いが行われていた。743工場のうち351の工場でスマンガリが発見された。すなわち、この調査における全紡績工場のほぼ半数にスマンガリスキームが存在していることになる。スマンガリの割合はディンディンガル地区が61%と最も多く、ティルプールは37%と最も低かった。

図1　スマンガリ

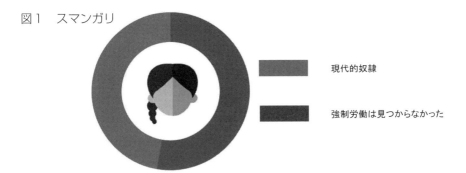

　エローデの村のある少女は17歳のときに紡績工場で働き始めました。両親は建設現場で働いています。家が貧しいため、彼女は学校を中途退学せざるをえませんでした。その頃、すでに紡績工場で働いていた友人から羨ましくなるような話を聞かされました。仕事の条件は魅力的で、居心地のよい宿舎にはカフェテラスやプールがあり、友だちもいっぱいできるという話でした。その上、契約が終了したら5万ルピー（約10万円）もらえるとも。彼女は両親を説き伏

せ、紡績工場で働くことにしました。

　最初の3か月は申し分ないものでした。仕事は軽作業で外出も許されました。しかし、正規社員になった途端、毎日12時間働かなくはなりませんでした。宿舎の食事はおいしくないため、朝食も夕食もとりませんでした。疲労と栄養不良により生理が不順になりました。給料は月3500ルピー（7000円）でした。宿舎にはプールはなく、小さなため池があっただけです。1年目、彼女は8日間の有給休暇をとって実家に帰りました。彼女は両親に工場へ戻りたくないと懇願しました。工場を辞めた彼女は、会社が約束した5万ルピーの一部たりとも受け取ることはありませんでした。地元のNGOが提供しているコンピュータのトレーニングを受け、今は総務のアシスタントとして働いています。

●移動の自由：キャンプ労働

　調査をした743の工場のうち、392工場は移動の自由を規制していた。女子労働者たちは仕事の後でさえ工場の敷地から自由に出ることを許されていない。移動の自由を制限している工場の数は、地区別で見ればディンディグルが67％と一番多く、一番少ないのはナマッカルの28％であった。

図2　移動の自由

● 最低賃金

　労働組合と工場の間の長引く交渉のため、タミールナドゥ州の繊維産業で働く労働者の最低賃金はまだ設定されていない。2008年11月7日付けの通知で、マドラス高等裁判所は繊維工場で働く見習い工に対する最低賃金を1日110ルピーと定めたとされている。これに生活手当が追加された。それ以降、賃金と生活手当は物価上昇を睨みながらタミールナドゥ州政府により定期的に見直されてきた。調査時、見習い工の最低賃金は1日282.4ルピーであった。

　しかし、正規労働者には最低賃金はないため、調査員は見習い工の最低賃金を最低基準とみなし、正規労働者の賃金は見習い工の賃金を下回ることはないという想定に立った。

　743工場のうち39工場だけが見習い工の最低賃金を守っており、他はすべてそれ以下を支払っていた。

　驚いたことに、見習い工に最低賃金を支払っている39工場のうち、37工場はエロード地区にある。

図3　最低賃金

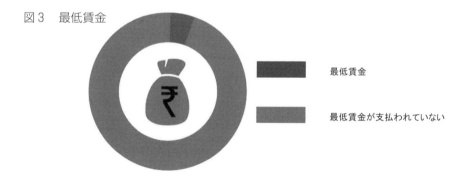

2016年6月12日、ディンディグル地区のある紡績工場で働く2人の女子労働者が、工場の敷地を取り囲む3.5メートルの高い塀を乗り越え、宿舎から逃げました。長時間労働と職場での嫌がらせから逃れるためでした。その一人である18歳のランジタは、仕事に誘った女性の仲介者は働きながら学校に行けると約束したけれど、実際は学校に行くことは許されず、1日12時間働かされたと供述しています。工場では上司たちは嫌がらせをしながら、若い女性労働者に過重な労働を強いていたようです。

2016年6月13日付「ザ・ビンドゥー」紙

●労働時間

　1948年の工場法によれば、成人の労働者は週48時間、1日9時間以上は働いてはならない。これはインドも批准したILO条約1に沿ったものだ。しかし、工場法では州政府が例外規定を設け、週12時間の残業を許すことを認めている。この調査では工場を3つのランクに分けた。①労働時間が週48時間あるいはそれ以下、②週48〜60時間、③週60時間以上。調査した743工場のうち、週48時間を守っている工場はわずか37工場しかなかった。その他の706工場は48時間を超えていた。743のうち、367工場では労働時間が週60時間を超えていた。

　労働時間に関して、4つの地区の間に違いがあった。トリプールでは77%の紡績工場が週60時間以下を維持していた。対称的にナマッカルでは全工場の93%が週60時間を超えていた。ディングディンとエロードでは、週60時間を超えている工場は順に37%と64%であった。エロードでは最長48時間を守っている工場は24工場、9%しかなかった。

図4　労働時間

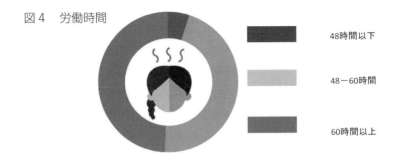

48時間以下
48−60時間
60時間以上

● 社会保障

　紡績工場の労働者は、経済的、社会的に取り残された家族の子どもであることが多い。その多くはダリット出身者であり、特別な行事や緊急時のために貯蓄をする余裕がない。社会保障はこうした家族にとってはセーフティネットとなり、病気になったときは治療代がカバーされたり、失業したときには給付金が支払われる。

　本調査では、雇用者州保険（ESI）と被雇用者準備基金（EPF）を調べた。ESIは雇用者と被雇用者が負担しあう社会保険制度で、健康保険と出産や失業給付金も含む社会保障が含まれている。ESI制度は地域全体で実施されている。ESI適用地域で操業する工場はESIに加入しなくてはならない。紡績工場はたいていの場合農村に立つが、そこはESIの適用地域ではない。調査では、紡績工場がESI地域にない場合、調査員はその他の健康保険が提供されているか調べた。

　EPFは国の社会保障貯蓄計画である。その主な目的は年金であるが、失業や災害時の医療などの特定的なケースにおいても充当される。被雇用者は毎月給料の12％をEPFの基金に支払わなくてはならない。また雇用者も社員と同率の額を基金に支払わなくてはならない。準備基金への支払いは毎月の給与が1万5000ルピー以下のすべての社員に義務づけられている。以前の報告書で、ICNとSOMOは、準備基金が給料から控除されているにもかかわらず、準備基金事務所には納められていないケースがあることを報告した。本調査では労働者に準備基金が給料から控

奴隷の織布　*69*

除されているかどうかを尋ねただけで、控除された基金が準備基金事務所に納付されたか、あるいは雇用者が留め置いているかは調べなかった。

紡績工場の67％は準備基金を給与から差し引いている。一方、被雇用者準備基金あるいはその他の医療保険を提供している雇用者は9％にすぎなかった。31％の工場はどのようなものであれ、社会保障は一切提供していなかった。

EPFとESIの両方の保険をかけている工場はディンディグルとエロードの方がナマッカルやティルプールより多かった。

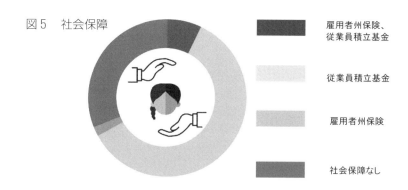

図5　社会保障

雇用者州保険、従業員積立基金

従業員積立基金

雇用者州保険

社会保障なし

●労働者の代表と苦情処理

労働力の女性化が進む背景にある要因の一つに、女性の組合加入はあまりないという認識がある。インドにおいて協会や組合結成の権利は憲法9条で保障された基本的権利であるにもかかわらず、工場や紡績工場内での労働組合結成の禁止はしばしばある。加えて、労働者が頼れる独立した効果的な苦情処理のメカニズムはなく、苦情処理として機能する労働者委員会の設立にはいくつかの法的要件がある。20人以上を雇用する工場は苦情救済委員会を設け、個々の苦情から出てくる争いの解決にあたることが求められている[15]。職場におけるセクハラに関する法律は内部告発委員会（ICC）の設置を求めている。このICCにはNGOの席があり、女性の労働者に救済の道を提供している。既存の労働者委員会は

「右手の中指は曲がったままです。紡績工場で働いているとき機械に巻き込まれました」、紡績工場で1年間働いたカライチェルヴィ（17歳）は言いました。「すぐに手を離したからよかったけれど、もしそうしていなかったら、もっと巻き込まれていて、手首から失っていたかもしれないわ」。カライチェルヴィは応急手当てを受けましたが、医者に連れて行ったのは工場に呼び出された彼女の親でした。治療費は非常に高額でしたが、雇用者からは治療費の補助は出ませんでした。カライチェルヴィの母親は農業労働者で父親は鉱山の手伝いです。カライチェルヴィは14歳のとき、高等学校に行くのをあきらめました。一番近い高校でも11キロ離れたところにあり、交通手段がないためでした。さらに家計が苦しかったことも学業を断念した理由でした。いとこの薦めで繊維関係で働くことにしましたが、そこで直面するであろう問題については何も知らされませんでした。

実際には、朝の8時30分から12時間、暑くて埃が舞い、過密状態の場所での立ち仕事でした。目が赤くなり、焼けるような眼の痛み、発疹、急な発熱、足の痛み、胃腸のトラブルに襲われました。食事や休憩の時間はきまっていませんでした。有給休暇はなく、あるのは2週間に1度の休日でした。月給は平均8000ルピーで、そこから準備基金や被雇用者州保険制度への支払が引かれました。紡績工場での指の怪我の治癒に3か月かかったあと、今、彼女はメリヤス工場で働いています。工場の監督は厳しい人ですが、そこでの待遇は以前の綿糸工場より少しよくなりました。

「衣料品産業労働者の生活をとりまく厳しい現実」2016年10月、
Pushpa Achanta

必ずしも独立して機能しているわけではない。調査では調査員が、工場内に労働者の苦情に対処するような委員会はあるかどうか質問した。

743工場のうち、10の工場には労働組合（産業別）が出入りをし、社員のなかに組合加入者がいた。33の工場には労働者委員会のようなものがあった。労働組合と労働者委員会の両者があるのは、ディンディグリにある1工場だけであった。全体の94％の工場はどのような形であれ、労働者を代表するものはなかった。

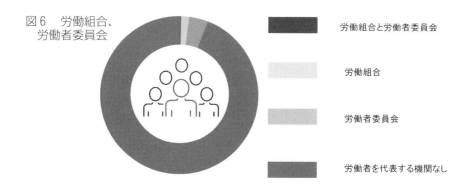

図6　労働組合、労働者委員会

凡例：労働組合と労働者委員会／労働組合／労働者委員会／労働者を代表する機関なし

● ハラスメント

2013年の職場におけるセクハラに関する法律は、女性労働者が受けるセクハラの対処を目的としている。法律はセクハラを次のように規定している。身体的接触と近寄り、性行為の要求、性的な発言、ポルノを見せること、そして、身体的、言葉による、あるいは言葉を使わない性的意味合いをもつ歓迎されない行為[16]。調査の間、この問題についてのグループ討議があちこちで開かれ、すべての工場から労働者が参加した。女性はセクハラの被害にあったことは自分から決して話そうとはしない。しかし、同僚や友人が異なるハラスメントの被害にあった話はする。調査員は調査対象となった工場でのセクハラ事件についてデスク上で情報収集などの調査をした。メディアで報道された関連事件は氷山の一角でしかない。メディアは最悪のケース、たとえばレイプ事件が起き

て被害者が自殺に追い込まれたり、被害者が犯行のあと殺害されたなど、ごく一部の事件を報道する。日々起きているようなハラスメントは報道されないし、たいていの場合、関わった人間がもみ消す。セクハラが頻発する社会に暮らす女性労働者は、口頭によるハラスメントは普通のことだと考えている。レイプ事件はほとんど通報されない。なぜなら、通報しても被害者は烙印を押されるが、加害者の訴追まで行くことはめったにないからだ。調査員は調査対象の内の64の工場で起きたセクハラ事件のメディア報道を集めた。一方、女性たちとのグループ討論で、すべての工場で口頭によるハラスメントと脅しが起きていることがわかった。

2016年3月10日、ティルプール地区のある紡績工場で、17歳の少女が宿舎の部屋で亡くなっているのが発見されました。繊維産業で働く女性を代表するタミールナドゥ繊維・一般労働組合がまとめた少女の死因に関する報告書には、「体には傷跡と首の周りにはロープ模様の跡があった」と書かれていました。亡くなった女性は毎日8時間のシフトのあと4時間の残業をしていました。彼女は1年経てば仕事を辞めたいと言っていましたが、両親は契約期間が終わるまで働くよう説得していました。報告書はさらに続く。「彼女は男性社員からセクハラを受けていて、兄と工場の管理者に苦情を訴えていた」。この女性は繊維工場で2年近く働いていました。給料は1日210ルピーで、彼女の母親が毎月工場に集金にきていました。
「タミールナドゥの10代の女性労働者の死に債務労働の疑念」
トムソン・ロイター財団　2016年3月17日

奴隷の織布　73

まとめ

　これほどの規模で紡績工場の労働条件を調べたことはこれまでなかった。驚くような事実が判明した。タミールナドゥ州の全紡績工場の３分の１が対象となった今回の調査で、91％の工場に、移動の自由を制限するキャンプ労働か、給料の天引きにより労働者を雇用主に縛り付けるスマンガリスキームのいずれかの形態の強制労働があることがわかった。67工場（調査対象の９％）ではキャンプ労働とスマンガリの両方が行われていた。すべての工場で、これら強制労働の明確な表示は、威嚇とセクハラ、搾取的な労働条件、過剰な残業などその他の表示と結びついている。以前行った調査で、労働者の大多数は18歳以下であることがわかった。たとえば、フリーダムファンドは、地元のNGOの調査を引用しており、そこでは女性労働者の80％は18歳以下であり、そのうちの14 ～ 20％は14歳以下であった。ILO182号条約によれば子どもの奴隷は児童労働の最悪の形態である。

　国内および国際メディアによるスマンガリへの注目、NGO報告そしてブランドからの監視は何らかのインパクトをもたらした。紡績工場における労働条件を大規模に調べたのは本調査が初めてであり、以前の調査と単純に比較することはできないが、調査員たちは、10年前は全体の80％以上の工場がスマンガリスキームを取り入れていたとみている。現在ではそれが47％にまで減少している。地区による差異はブランド力が一定の影響を及ぼしうることを示している。なかんずく衣料製品のハブであるティルプールでは、ブランドの影響力と国際バイヤーからの監視が最も感じられた。その他の地区は都市から離れた農村地帯にあり、西欧のバイヤーはめったにこない。ブランドと国際バイヤーはスマンガリスキームに強い関心をもったため、その他の地区と異なり、ティルプールではあまり実践されていなかった。しかし、宿舎に対しては同じような度合いで関心が注がれないため、調査にあるようにキャンプ労働が執

拗に起きる。

　オーストラリアの調査員の評価が示すように、地元の2、3の紡績工場で人権NGOが行っているモニターや労働者の権利のトレーニングは、比較的に短期間でのスマンガリスキームの廃止など、顕著な改善につながった。もう一つのグッド・プラクティスは、職場のセクハラに関する法律にしたがった社内苦情委員会（ICC）の設置である。NGOも委員の席を有しているこのICCは女性労働者に救済手段を提供している。

　2016年7月、マドラスの高等裁判所は、若い女性をリクルートし、工場や宿舎内に閉じ込めるスマンガリスキームを含むさまざまな方法の廃止を命令した。これをするには政府と雇用側の両者からのアクションが求められる。さらに、いくつか取られた限定された措置が示すように、ブランドは工場の労働条件に影響力を及ぼすことができる。したがって、製造側および購入側を含むすべての関係者は、あらゆる形態の現代的奴隷を廃止し、賃金、労働時間、社会保障、結社の自由そしてセクハラ防止など労働法規の実施に向けて協力する時である。

改善のための勧告案

●紡績業界に対して

☑　給料や手当を一部天引きする慣行はやめること。

☑　寄宿舎にいる労働者の移動の自由を制限したり外部との電話連絡を禁止したりしないこと。

☑　最低賃金、週48時間労働、社会保障など労働法の規定を順守すること。

☑　小切手あるいは銀行振込みで給料を支払うこと。

☑　雇用証明を出すこと。

☑　職場におけるセクシャルハラスメント（防止、禁止、救済）法（2013年）を実施し、社内に苦情委員会を設けること。

☑　労働組合権利法を尊重して実施し、紡績工場に労働組合の出入りを

認めること。

☑ 労働者のトレーニング、モニター、苦情の救済に関して労働組合やNGOと協力すること。

●国際バイヤー／ブランドに対して

☑ 一次仕入先より向こうのサプライチェーンを洗い出し、工場の立地場所、労働者の権利の状況、監査などを明らかにしてサプライチェーンの透明性を高めること。

☑ サプライチェーン全体において人権デューディリジェンスを実施し、そのレポートを公表すること。

☑ その他のバイヤーと協力して影響力を高めること。

☑ モニターの対象に寄宿舎を入れること。工場が管理する寄宿舎があること自体、レッドカードである。

☑ 労働者団体や労働組合をモニター活動に巻き込み、オフタイムの労働者インタビューを行い、労働者に雇用証明をもらったかどうか確認し、移住労働者の登録をしているかどうか確認し、社内苦情委員会が本物で実際に機能しているかどうか確認し、労働者の権利に関する追跡証明をもっているNGOにこれら委員会への参加を促す。

☑ 労働条件の改善ができるよう工場を支援し、改善に向けて真面目に取り組む工場は優良サプライヤーとして、調達価格を引き上げたり、最低発注量を保障するなどして褒める。

☑ 地元で信頼できる苦情処理システムと地元の複数のステークホルダーによるイニシアチブの設置を支援して参加する。

☑ 職場レベルでの介入の成功例は地元の市民社会組織を巻き込んでいる場合があるため、ブランドおよびバイヤーは、紡績工場における労働者の権利侵害の対処に、市民社会組織や労働組合を巻き込むべきである。

●インド政府に対して

☑ 関連するILO条約、特に、結社の自由、団体交渉と児童労働に関するILO条約と、強制労働条約選択議定書を批准すること。

☑ 現在ある労働者向けの苦情救済システムへのアクセスや信頼度を高めること。

●輸入国の政府に対して

☑ ドイツおよびオランダの政府は衣類のサプライチェーンにおける労働者の権利の侵害に対処するため、政府、ビジネス界、市民社会が協力できる革新的な取り組みを始めた。持続可能な繊維製品のためのパートナーシップと持続可能な衣服および繊維製品に関する規約である。両方とも南インドの紡績工場における侵害を軽減させることを目的にしている。私たちはこれら二つの取り組みに、問題の核心部分である仕事の現場の改善策の実施に焦点を絞るよう促す。加えて、多様なステークホルダーが関わる状況における労働者の権利の経験をもつ地元のステークホルダーと協力すべきである。

☑ 欧州連合の加盟国および欧州連合自身は、企業に、OECDガイドラインに沿ってサプライチェーンにおいて人権デューディリジェンスを実行し、それについて公けに報告することを義務付けるべきである。

☑ 欧州連合および欧州委員会の加盟国は南インドの繊維産業における強制労働の問題をインドとの二国間協定において優先課題とするべきである。

☑ 政府および欧州連合は、現代的奴隷の問題に取り組む法律を採択した英国政府の例を見習うべきであるし、そこに児童労働を含めることが望まれる。

☑ サプライチェーンの透明性を高める規制を採択すること。

☑ 労働法の監視と実施を高めることを目指したインド政府と州政府による信頼できる取り組みおよび複数のステークホルダーの取り組みを支援する。

奴隷の織布　77

1 「タミールナドゥの繊維・衣類産業とサプライチェーンのつながりにおけるスマンガリスキームの特徴を理解する」ソリダリダッド南東アジア・公正労働協会作成、2012年5月。
2 「欠陥織布：南インド繊維産業の少女・女性労働者の搾取」2014年10月。
3 「ILO強制労働の指標」ILO、2012年10月。
4 「小さな一歩、大きな挑戦：南インドの衣料産業の少女・女性労働者の搾取、最新情報」2015年4月。
5 「欠陥織布：南インド繊維産業における少女・女性労働者の虐待」2014年10月、「インドのメイド：インドの縫製産業で搾取的状況を受け続ける若いインドのダリット女性」2012年4月、「綿に捕えられて：欧米市場に向けられる搾取されたインドダリット製の衣類」2011年5月。
6 「小さな一歩、大きな挑戦：南インドの縫製産業の少女と若い女性の搾取との闘い・最新情報」。
7 「ILO強制労働の指標」ILO、2012年10月。
8 「ILO強制労働の指標」ILO、2012年10月。
9 「ILO強制労働の指標」ILO、2012年10月。
10 「南インド、タミールナドゥの繊維・縫製セクターにおける強制労働」Dr Annie DelaneyとDr Tim Connor, 企業のアカウンタビリティ調査、2016年
11 「ILO強制労働の指標」ILO、2012年10月。
12 http://www.paycheck.in/main/salary/minimumwages/tamil-nadu/ tamil-nadu-minimum-wage-with-effect-from-april- 1 -2015-to-september-30-2015
13 インド工場法1948年、64節。
14 「欠陥織布：南インド繊維産業の少女・女性労働者の搾取」2014年10月。
15 労使紛争（改定）法 2010年。
16 職場における女性のセクシャルハラスメント（防止、禁止、救済）法2013年、2 （n）。

発行：インド・オランダ委員会（ICN）

　インド・オランダ委員会は独立した人権委員会であり、インドおよび南アジアにおけるカーストに基づく差別、労働者の権利、そして児童労働・教育に焦点を当てている。

　この報告書はSympanyの財政支援をうけて発行した。内容についてはすべてICNの責任であり、Sympanyの見解は一切反映されていない。

翻訳：小森 恵（反差別国際運動）

●執筆者のプロフィール（掲載順）

松岡秀紀　まつおか　ひでき

　地方自治体、国際協力NGO、環境NGOなどを経て、現在、一般財団法人アジア・太平洋人権情報センター（ヒューライツ大阪）特任研究員等として、CSRと人権、ビジネスと人権などの調査研究や普及に携わり、とくに企業内の人権研修の普及、支援に尽力している。
ISO14001審査員補として環境ISOのコンサルティングや内部監査員研修なども行っている。また、同志社大学総合政策科学研究科、関西学院大学経済学部で非常勤講師としてCSR論を担当している。共著に、『企業の社会的責任と人権の諸相』（現代人文社、2010年）、『CSRの基礎』（中央経済社、2017年）。

岩附由香　いわつき　ゆか

　現在、認定NPO法人ACE代表。ACE（エース）は児童労働の解決を目指すNGO。インドやガーナで子どもが労働させられている状況を改善、就学させるだけでなく村全体の生活向上による児童労働をなくす仕組みを構築。日本では、企業とのコラボレーションや
政府への提言も活発に行っている。岩附は大阪大学在学中にACEを発足させて以降代表として事業運営を担い、2008年には人権・労働分野の国際規格SA8000の研修を日本で企画、自身も研修を修了するなど、早くからサプライチェーンの児童労働問題への企業の取り組みの必要性を訴えていた。桜美林大学講師。著書に『わたし8歳、カカオ畑で働きつづけて。』（明石書店、2004年）、監訳に『インドの債務児童労働』（合同出版社、2007年）。

和田征樹　わだ　まさき

　外資系メーカーにてCSR調達を推進させ、（一財）企業活力研究所が主催した「ビジネスと人権」研究会に研究員として招聘。その後、（公財）国際研修機構に入職後、交渉担当官として各国労働省との折衝にあたった。現在は株式会社エナジェティックグリーン（Energetic Green）共同代表としてCSRコンサルティング、サプライチェーンにおける人権・労働問題や外国人労働者問題に取り組んでいる。

菅原絵美　すがわら　えみ

　大阪大学大学院国際公共政策研究科博士後期課程修了（国際公共政策博士）。

　現在は、大阪経済法科大学 国際学部 准教授／グローバル・コンパクト研究センター代表／特定非営利活動法人虹色ダイバーシティ理事。国際社会における「ビジネスと人権」をめぐる動向について研究。著書に『人権CSRガイドライン――企業経営に人権を組み込むとは』（解放出版社、2013年）。

オランダ・インド委員会（ICN）

　ICNは情報提供、意識喚起、提言、ロビー活動、ネットワーク作り、調査そして広報などにより、南インドの置き去りにされたコミュニティの人びとの生活の向上に貢献することを目的としている。ICNの主要な活動テーマは、①児童労働と子どもの教育、②衣料、天然石、種子、茶葉などの分野における企業の責任、③ダリット（カースト差別）、④人権：インドの政策と実践、である。ICNはインドの国内組織のみならず、オランダ、ヨーロッパそして世界の組織と協力している。反差別国際運動とも、カーストに基づく差別と闘う国際連帯ネットワークを通して協力関係にある。

IMADR ブックレット　17
サプライチェーンにおける人権への挑戦

2017 年 9 月 13 日　初版第 1 刷発行

編集・発行................反差別国際運動（IMADR）
　　　　　　　　　〒 104-0042　東京都中央区入船 1-7-1
　　　　　　　　　松本治一郎記念会館 6 階
　　　　　　　　　Tel: 03-6280-3101/Fax: 03-6280-3102
　　　　　　　　　E-mail：imadr@imadr.org
　　　　　　　　　Website：http://imadr.net

発売元......................株式会社解放出版社
　　　　　　　　　〒 552-0001 大阪市港区波除 4-1-37
　　　　　　　　　HRC ビル 3F
　　　　　　　　　Tel：06-6581-8542/Fax: 06-6581-8552
　　　　　　　　　Website：http://www.kaihou-s.com
　　　　　　　　　東京営業所
　　　　　　　　　〒 101-0051 東京都千代田区神田神保町 2-23
　　　　　　　　　アセンド神保町 3 階
　　　　　　　　　Tel：03-5213-4771/Fax：03-3230-1600

印刷・製本................モリモト印刷株式会社

ISBN978-4-7592-6777-8
定価は表紙に表示しています　落丁・乱丁はお取り替えいたします

反差別国際運動（IMADR）◇出版物一覧

◆『現代世界と人権』シリーズ◆

（A5 判／定価 1,800 ～ 2,000 円＋税／在庫があるもののみ表示／文頭番号はシリーズ番号）

5　人種差別と不均等発展

6 大陸各地域の人種差別の実態を伝え、その原因であり結果でもある「不均等な発展」との関係を、それぞれの具体的な問題から分析。　（1993 年）

7　国際社会における共生と寛容を求めて

マイノリティ研究の第一人者パトリック・ソーンベリーさんの国連「マイノリティ権利宣言」採択後にまとめたレポートを翻訳紹介。あわせて「宗教に基づく不寛容と差別を考える集会」の概要も紹介。　（1995 年）

13　世紀の変わり目における差別と人種主義

2001 年の「反人種主義・差別撤廃世界会議」に向けて、世界の差別の実態を明らかにし、グローバリゼーションがマイノリティの人権におよぼす影響とそれに対する闘いについてさぐる。　（1999 年）

15　国連から見た日本の人種差別

—人種差別撤廃委員会審査第 1・2 回日本政府報告書審査の全記録と NGO の取り組み—

2001 年 3 月にジュネーブで行なわれた人種差別撤廃条約の日本政府報告書初審査の全審議録、政府追加回答文書、人種差別撤廃委員会最終所見、同解説を全収録。審査に向けた政府報告書、NGO レポート、審査事前事後の NGO の取り組みを含め、実践に必須の情報満載、充実の一書。　（2001 年／定価 2,600 円＋税）

17　マイノリティ女性の視点を政策に！社会に！

——女性差別撤廃委員会日本報告書審査を通して

欠落していたマイノリティ女性の視点と政策は、女性差別撤廃委員会日本報告書審査を通して、重要課題となった。審査を活用したマイノリティ女性の取り組み・主張、マイノリティ女性に対する複合差別が国際舞台でどう扱われてきたかなど重要資料 20 点所収。　（2003 年／定価 2,200 円＋税）

18　人権侵害救済法・国内人権機関の設置をもとめて

「人権侵害救済法」（仮称）法案要綱・試案および同補強案の背景にある視点や取り組みの経緯、地方自治体の取り組みや国際的な情勢などを紹介。関連文書や国内外の動向を含む資料も豊富に掲載。　（2004 年）

19　グローバル化の中の人身売買——その撤廃に向けて

「人身売買の被害者の人権」という視点から、問題解決につながる道筋をつけるべく編集された 1 冊。人身売買を生み出す原因や、日本における実態、現在の法的、行政的制度・計画の問題点、人身売買撤廃と被害者の救済・保護についての論考や豊富な資料を掲載。　（2005 年）

20 「周縁化」「不可視化」を乗り越えて
——人種主義・人種差別等に関する国連特別報告者の日本公式訪問報告書を受けて

国連の人種主義・人種差別等に関する国連特別報告者の日本公式訪問報告書を受け、日本における人種差別を社会的・歴史的背景をふまえて再考することを試みた一冊。人種差別に関する世界的情勢に加え、国内の当事者による主張や国連機関による分析・評価などを収録。　　　　　　　　　　　　　　　　　　　　　　　　　　　　　　　　（2006 年）

21 立ち上がりつながるマイノリティ女性
——アイヌ女性・部落女性・在日朝鮮人女性によるアンケート調査報告と提言

3 者が自分たちが抱える問題解決にむけて、教育・仕事・社会福祉・健康・暴力の分野で共通設問を設定し、はじめての調査を実施。その報告と提言のほか、女性たちの声も収録。　　　　　　　　　　　　　　　　　　　　　　　　　（2007 年／定価 2,200 円＋税）

22 国連と日本の人権——NGO から見た普遍的定期審査

国連人権理事会に新設された「普遍的定期審査」（UPR）制度のもとで、日本の人権状況が初めて審査された。NGO の視点からこの制度を分析し、審査の流れを追い、その過程への NGO の効果的なかかわりのあり方を探る。　　　　　　　　　　　　（2009 年）

23 先住民族アイヌの権利確立に向けて

日本政府は 2008 年、アイヌ民族を日本の先住民族と認め、アイヌ政策に関する有識者懇談会を設置、翌年 7 月に報告書が提出された。権利回復運動の現場から寄せられた論考に加え、国連宣言、国連人権文書におけるアイヌ民族に関する記述の抜粋、重要な関連法、上記懇談会の報告書全文を収録。（2009 年）

24 今、問われる日本の人種差別撤廃——国連審査と NGO の取り組み

2010 年 2 月、人種差別撤廃委員会が行なった日本報告書の審査の全容を収録。とくに委員会の質問と日本政府代表の答弁からなる 6 時間の審議録は、国際人権基準について国連と日本政府の見解の相違を浮き彫りにしている。　　　　（2010 年／定価 2,300 円＋税）

25 レイシズムヘイト・スピーチと闘う
——2014 年人種差別撤廃委員会の日本審査と NGO の取り組み

2014 年人種差別撤廃委員会による日本審査の記録本。審査会場での NGO の取り組み、2 日間に及ぶ委員と日本政府のやりとり、審査に関わった人種差別撤廃 NGO ネットワークのメンバーによる勧告の読み解きと提言などが満載。さらに、元 CERD 委員のソーンベリー教授による特別寄稿が続きます。国連は日本のレイシズムをどう見ているのか、必見の一冊。　　　　　　　　　　　　　　　　（2015 年／定価 2,000 円＋税）

◆『IMADR-JC ブックレット』シリーズ◆

(A5判／定価1,000円＋税／在庫があるもののみ表示／文頭番号はシリーズ番号)

1　人種差別撤廃条約と反差別の闘い

人種差別撤廃条約の制定の背景、内容、意義について、また日本の現状にとっての意義を部落、在日韓国・朝鮮人、アイヌ民族、移住労働者の立場から説明した内容。

(1995年)

5　アメリカの人権のまちづくり──地域住民のチャレンジ

地域レベルにおけるマイノリティをはじめとした人びとに対する人権擁護政策を推進させるため、米国のNGO／NPOと行政ならびに企業がどのようなパートナーシップを形成し、「人権のまちづくり」を推進しているか、その取り組みを紹介。

(2000年)

9　マイノリティの権利とは
──日本における多文化共生社会の実現にむけて

日本におけるマイノリティの声や、マイノリティとマジョリティが共に生きる日本社会を考える人権活動家・研究者による座談会録などを掲載。資料編では国連のマイノリティ権利宣言やその逐条解説などを収録。

(2004年)

10　「国際テロ・国際組織犯罪」対策とマイノリティの「不安全」
──日本・韓国・フィリピンの経験から

「テロとの戦い」「国際犯罪組織の撲滅」のかけ声のもと、治安強化と監視の波が世界規模で広がっている。そのようななか、マジョリティ市民の安全を守る名目で、マイノリティが平和的に安全に生活する権利が脅かされている。この構造を克服し、マイノリティとマジョリティ市民が連帯して共通の安全を求めていくために何をすべきか。本書はその答えを探ろうとすべく刊行する、日本・韓国・フィリピン3カ国の国際比較研究である。

(2006年)

12　講座人身売買──さまざまな実態と解決への道筋

人身売買を生み出す構造と現実に迫るべく、最前線で活躍する講師陣による連続講座をまとめた一書。国際幹旋結婚、外国人研修制度、看護士・介護福祉士受け入れの現実にも切り込み、日本社会とのつながり、問題解決にむけての道筋をさぐる。キーワード解説や講師お勧め書籍収録。

(2007年／定価1,200円＋税)

13　スリランカの内戦と人権

二十数年続く民族紛争がマイノリティの人権に重大な影響を及ぼしてきたスリランカ。その現実を知り、屈指の援助国・日本の政府と市民の役割を考えるための書。現地からの書き下ろし原稿や最新の資料も収録、図表や写真も多数。

(2008年)

14　平和は人権──普遍的実現を目指して

「平和への権利」とは何か？国際市民社会で「平和への権利」についての議論に関わってきた4人の研究者と、人権、差別の諸問題に取り組む活動家による論考は、「平和へ

の権利」について、そして平和に生きる権利の実現を妨げるものは何かについて考える
糸口を提示する。　　　　　　　　　　　　　　　　（2011 年／定価 1,200 円＋税）

15　企業と人権　インド・日本　平等な機会のために

経済成長と民営化により民間部門が急速に拡大したインドにおけるダリットの経済的権
利の確立と包摂に向けた課題と、民間部門における積極的差別是正政策の可能性につい
て、ダリットの活動家と研究者が考察を行なう。　　　　（2012 年／定価 1,200 円＋税）

◆『IMADR ブックレット』シリーズ◆

16　日本と沖縄　常識をこえて公正な社会を創るために

日本と沖縄。なんでこんなに遠いのか。歴史をひもとき、世界の潮流にふれ「常識」の
枠をこえて公正な社会創りへの道を問う。沖縄からの声に対する本土からの応答も試み、
資料編には国連が琉球・沖縄に関して言及している資料を掲載した、読み応えのある一
書。　　　　　　　　　　　　　　　　　　　　　　　　　　　　　　　（2016 年）

◆その他の出版物◆

ナチス体制下におけるスィンティとロマの大量虐殺
──アウシュヴィッツ国立博物館常設展示カタログ・日本語版）

第 2 次世界大戦下におけるナチス・ドイツによる「ホロコースト」は、ユダヤ人だけで
はなく、スィンティやロマと呼ばれている人びとも、アウシュヴィッツをはじめとした
強制収容所で 50 万人以上が虐殺された。ポーランドのアウシュヴィッツ国立博物館常
設展示されている「ナチス体制下におけるスィンティとロマの大虐殺」の展示物日本語
版カタログとして刊行した書。　　　　　　　　　　　（2010 年／定価 4,000 円＋税）

■お問合せ■反差別国際運動（IMADR）
〒 104-0042 東京都中央区入船 1-7-1 松本治一郎記念会館 6 階
　　◆会員割引有◆ TEL：03-6280-3101　　FAX：03-6280-3102　　E-mail：imadr@imadr.org
■お申し込み■同上、または（株）解放出版社 TEL：06-6581-8542FAX：06-6581-8552
　　　　　　　　　　　　　　　　　　　東京営業所 TEL：03-5213-4771FAX：03-3230-1600

差別と人種主義をなくす
反差別国際運動（IMADR）

反差別国際運動（IMADR）は、差別と人種主義をなくし、誰もが等しく尊重される社会の実現をめざしています。

そのために IMADR は

1. 歴史的に差別や抑圧を受けてきたマイノリティのエンパワメントに寄与します
2. マイノリティに共通した課題に取り組むことで、マイノリティのつなぎ役として連帯を促進します。
3. マイノリティの声を世に広く伝え、共感する人びとの声を結集し、国や国連に効果的に働きかけます。

IMADR の活動テーマ

- ■ 部落差別・カースト差別の撤廃
- ■ 先住民族の権利確立
- ■ マイノリティの権利確立
- ■ 司法制度における人種差別の撤廃
- ■ 国際的な人権保障制度の発展とマイノリティによる活用の促進

IMADR とは

反差別国際運動（IMADR）は、部落解放同盟の呼びかけにより、国内外の被差別団体や個人、国連の専門家などによって、1988年に設立された国際人権NGOです。1993年には、日本に基盤を持つ人権NGOとして初めて国連との協議資格を取得しました。スイスのジュネーブにも事務所を設置し、マイノリティの声を国連に届け、提言活動に力を入れています。

賛助会員になってください

反差別国際運動（IMADR）の活動は、多くの団体・個人の皆さまからの賛助会費と寄付によって支えられています。活動を持続的に発展させていくために、会員になって支援をしてくださいますようお願いいたします。会員種別と年会費は以下の通りです。また、ウェブサイトからクレジットカードでの寄付ができるようになりました。

会員の種別	年会費
個人賛助会員A	¥ 10,000
個人賛助会員B	¥ 5,000
団体賛助会員	¥ 30,000

※会費年度は毎年4月から翌3月です。

賛助会員には、1年間に① IMADR の機関紙を4回、② IMADR 発行書籍を1冊、③総会議案書、をお送りいたします（個人賛助会員Bの方には書籍は送られません）。また、IMADR 書籍の購入や IMADR 主催のイベントへの参加において優待割引を提供しています。

IMADR では、さまざまな活動づくりに関わるボランティアを募集しています。
メルマガの発行・ソーシャルメディア（ツイッター・フェイスブック）によって IMADR の活動を知る事ができます。詳しくは IMADR のウェブサイト http://imadr.net をご覧下さい。

反差別国際運動（IMADR）
The International Movement Against All Forms of Discrimination and Racism
〒104-0042 東京都中央区入船1-7-1 松本治一郎記念会館6階
Tel: 03-6280-3101　Fax: 03-6280-3102　Email: imadr@imadr.org